Ruth Mitschka

DIE KLASSE ALS TEAM

Ein Wegweiser zum Sozialen Lernen in der Sekundarstufe

VERITAS

Die Deutsche Bibliothek – CIP-Einheitsaufnahme

Mitschka, Ruth:
Die Klasse als Team : ein Wegweiser zum sozialen Lernen in der Sekundarstufe / Ruth Mitschka. – Linz: Veritas, 1997
ISBN 3-7058-5126-8

1. Auflage (1997)
Gedruckt in Österreich auf umweltfreundlich hergestelltem Papier
Lektorat: Ingrid Fischer-Schreiber, Linz
Umschlagillustration: Gerhard Baumgartner, Buchkirchen
Umschlaggestaltung: Germana Kolmhofer, Hartkirchen
Illustrationen: Renate und Gerhard Baumgartner, Buchkirchen
Herstellung und Layout: Germana Kolmhofer, Hartkirchen
Satz: Typeshop, Linz
Druck, Bindung: LANDESVERLAG Druckservice Linz

ISBN 3-7058-5126-8

Inhalt

Vorwort

„Die wirkliche Entdeckungsreise besteht nicht darin,
neue Landschaften zu suchen, sondern sich die Welt mit neuen Augen anzuschauen."
(Marcel Proust)

Liebe Leserin, lieber Leser!

Ich lade Sie zu einer Entdeckungsreise ein. Dieses Buch wird uns begleiten.

Ich schlage eine Wanderung im Mittelgebirge vor. Der Ausgangspunkt ist die Schule, wie sie ist, wie ich sie aus verschiedenen Blickwinkeln als Mutter, Großmutter, Ehefrau eines Lehrers, Lehrerin, Schulpsychologin und Lehrerfortbildnerin erlebt habe. Das Ergebnis dieser Erfahrungen stelle ich in Teil I dar.

Dann möchte ich Ihnen Lust machen, sich auf den Weg zu machen und neue Landschaften zu entdecken. Das Besondere ist: Der Weg eignet sich für routinierte Entdeckungsreisende genauso wie für Menschen, deren Kondition nicht so gut ist oder die nicht ständig Neues erproben wollen. Letztere werden eingeladen, sich altbekannte Landschaften einfach mit anderen Augen anzusehen. Die Entdeckungsreise mit Herz, Hirn und Hand (bzw. Füßen) nenne ich Soziales Lernen. Worum es dabei geht, wird in Teil II beschrieben.

Teil III ist der Wegweiser für die verschiedenen Varianten dieser Entdeckungsreisen. Sie, liebe Leserin, lieber Leser, bestimmen Ihr Tempo und Ihr Ziel. Doch einige Überlegungen sind davon unabhängig immer gleich anzustellen. Dieser Rote Faden für den einsamen Spaziergang wie für die Wanderung der Klasse oder die Weitwanderung einer ganzen Schule steht im Zentrum des dritten Teils.

In Teil IV schildere ich die sieben Etappen der Wegstrecke genauer. Sie erfahren, was Sie erwartet, wenn Sie Schritt für Schritt vorgehen. Sie erhalten Hinweise, wie Sie Kondition erwerben und welcher Proviant nützlich ist. Dadurch können Sie besser einschätzen, welche Umwege Sie sich sparen können, weil Sie die Gegend schon hinreichend kennen und was für Sie und Ihre Klasse entdeckenswertes Neuland ist.

Der Teil V besteht aus einer Beschreibung einzelner Wanderwege, die ich mit Schulklassen und Lehrergruppen gegangen bin. Die vorangestellten Tipps helfen Ihnen, wenn Sie genau denselben Weg gehen wollen. Es sind ausgewählte Beispiele. Ich hoffe, dass Sie dadurch neugierig werden, Ihre eigenen Pfade, all die Abkürzungen und Umwege, die zu einer richtigen Wanderung dazugehören, zu finden.

Das, was Sie auf dem Gipfel erwartet, ist je nach Schwierigkeitsgrad der gewählten Wegstrecke unterschiedlich.

Die Richtung, die ich gegangen bin, lässt sich am besten mit einem Spruch von André Gide beschreiben:

„Ein guter Lehrer hat nur eine Sorge: zu lehren, wie man ohne ihn auskomme."

Ich weiß, dass das bei SchülerInnen der Sekundarstufe möglich ist. Je älter sie sind, desto öfter können sie ihre Wege ohne uns oder bestenfalls begleitet (und nicht geführt) von Ihnen gehen. Das Buch beschreibt die Voraussetzungen dafür, dass nicht 30 Personen in unterschiedliche Richtungen stieben, sondern zeigt auf, was die Kooperation im Klassenraum fördert.

I. Schule, wie sie ist: Defizitorientierung und Ressourcenvergeudung

Mit rund 10 000 Stunden ist die Schulpflicht absolviert. Amerikanische Wissenschafter behaupteten schon 1948, dass man in diese Stunden mindestens 50 000 Lernziele stopfen müsste: also fünf pro Stunde. So viele Fähigkeiten und Kenntnisse wären nämlich notwendig, um ein „gutes" Leben zu führen. Doch Gott sei Dank waren die WissenschafterInnen ebenso selbstkritisch wie genau. Sie wussten: das ist nicht durchführbar. Denn es wäre nervenaufreibend und würde übermenschliche Anforderungen an die Erfindungsgabe der Lehrer stellen. Und selbst wenn es durchführbar wäre, wäre es nicht wünschenswert; jede Lebendigkeit wäre dahin.

Schule war immer Instrument der Gesellschaft. Den LehrerInnen oblag die Aufgabe, der heranwachsenden Generation jene Sitten und Gebräuche zu vermitteln, die sich in der Gesellschaft entwickelt hatten. Manche Schulmeister leisteten sich sogar den Luxus, junge Menschen einzuladen, die Gesellschaft weiterzuentwickeln, Tradiertes in Frage zu stellen.

Früher schien Schule ein Tempel der Klarheit zu sein: Hier wurden Antworten gelehrt (Lernen und Fragen war nur außerhalb der Schule möglich), hier wurde Wissen vermittelt (die Erziehung fand heimlich statt), hier arbeitete der Lehrer in seiner Funktion als beamteter Welterklärer (als Privatperson erschien er bestenfalls auf dem Wandertag).

Heute herrscht Unübersichtlichkeit und Verantwortungsdiffusion: Was ist die Aufgabe der Schule? Wer ist wofür zuständig? Aus dieser Unklarheit resultiert, dass Ressourcen nicht zielgerichtet eingesetzt und genutzt werden (wer begreift schon auffälliges Verhalten als Ressource im Sinn von Information?).

Der einzige Punkt, in dem sich alle einig sind, die mit Schule zu tun haben: Gebannt schauen sie alle auf Mängel und Fehler, auf das, was sich ändern sollte. Und jede Gruppe weiß auch genau, wer Schuld hat: die jeweils andere.

So weit die Gemeinsamkeit. Worin unterscheiden sich LehrerInnen und SchülerInnen? Wie gestalten sie ihren gemeinschaftlichen Arbeitsplatz Schule?

1. Die SchülerInnen oder: Langzeitarbeitslose verweigern Sozialhilfe

Die SchülerInnen der Sekundarstufe 1 sind zwischen zehn und fünfzehn Jahre alt. Die Entwicklungspsychologie informiert uns, dass das die Zeit der Vorpubertät und Pubertät ist. Die Geschlechtsreife tritt immer früher ein. Die meisten sind heute schon mit elf, zwölf Jahren so weit. Parallel mit den körperlichen Veränderungen kommt es zu einem Identitätsverlust: Die Betroffenen sind keine Kinder mehr, haben in der Gesellschaft aber noch nicht den Erwachsenenstatus. Der Identitätsverlust macht die Jugendlichen unsicher. Was sie am dringendsten brauchen, sind Orientierungshilfen und Bestätigungen.

Im Alltag hören sie die meisten Botschaften der Erwachsenen als Informationen darüber, wie sie nicht sein sollen und dass man sie gern anders hätte. Jugendliche erleben das als Übergriffe und Infragestellung ihrer gesamten Person. Da genügt oft ein Tropfen, um das Fass, in dem sie selbst negative Selbstwertgefühle sammeln, zum Überlaufen zu bringen.
Dementsprechend heftig fallen oft die Reaktionen aus. LehrerInnen erleben diese häufig als Provokation oder persönliche Beleidigung. Damit kommt ein teuflischer Kreislauf in Gang, der das Schüler-Lehrer-Verhältnis beeinträchtigt.
Viele UnterstufenschülerInnen nehmen die Schule als Stätte der Unterhaltung wahr und bedauern, dass es diese ausschließlich in den viel zu kurz bemessenen Pausen gibt. Daher sorgen sie auch in den Unterrichtsstunden für Unterhaltung. Oft wird während des Unterrichts ein Spektakel aufgeführt. Das vorherrschende Thema des Stegreiftheaters der Unterstufe heißt Unruhe, das der Oberstufe Unlust.
Das Thema Unruhe wird pantomimisch sehr expressiv dargestellt: Ständig bewegt sich ein Gegenstand oder mindestens eine Person durch den Raum. Das wird oft mit urschreiähnlichen Lauten untermalt. Die Unlust wird durch übertriebenes Gähnen, gelangweilt auf die Tische drapierte Füße, demonstratives Verlassen der Klasse oder durch die Eröffnung von Kaffeehausnischen (z. B. mit Kartenspielen) dargestellt.
Besucher von außen (ich war oft in einer solchen Rolle) gewinnen den Eindruck, dass das wahre Schülerleben abseits des Lehrerangebots, das sich Unterricht inklusive Erziehung nennt, abspielt.

Die SchülerInnen von heute sind die EnkelInnen der Nachkriegsgeneration. Es ist mehrheitlich eine Generation der Erben. Sie mussten weder das Anti zur Autorität erkämpfen noch zum Cola das Light. Ihnen fällt alles in den Schoß: der Zweitfernseher, die Diesel-Jeans, viel „Eigenverantwortung" (Verfügungsmacht über Geld und Zeit) und die Gier der Schulen nach SchülerInnen.
Abhanden gekommen sind ihnen Personen, die behilflich sind, die Neue Unübersichtlichkeit zu ordnen, bei den kontrastreichen Lebensmotti die Spreu vom Weizen zu trennen und einen Weg durch den Identitätsfindungsdschungel Richtung Erwachsensein zu bahnen.

Heute lassen sich die SchülerInnen nicht mehr auf das stets aufnahmebereite Gehirn reduzieren, in das man den Inhalt des Nürnberger Trichters füllt. Kraftstrotzende, lärmende Einzelwesen machen sich bemerkbar. Was man vor zehn Jahren noch als verhaltensgestörte Individuen definierte, hat sich mittlerweile zu einer neuen Normalität gemausert. Sie nehmen sich lustvoll, vital neben den oft ungenießbaren Erwachsenen aus.

Sie wollen nicht wie „Arbeitslose" behandelt werden, die der „Sozialhilfe" bedürfen.

Kinder, die schon früh darauf angewiesen sind, sich selbst das Brot zu schmieren oder das Tiefkühlgericht in die Mikrowelle zu schieben, kommen mit einem massiven Gestaltungswillen zur Schule. Oft haben sie auch noch sehr kritische Augen und Ohren. Und mit diesen stellen sie an ihrer Lehrerin, an ihrem Lehrer Verhaltensweisen und Mängel fest, die sie ihrerseits diese Personen als der Sozialhilfe bedürftig wahrnehmen lässt. Es fehlt bloß die Ausbildung in pädagogischem Ethos, sonst würde so mancher Schüler ein Sozialisierungsprogramm für LehrerInnen entwerfen.

So lässt man sie mitsamt ihren Marotten leben und führt wenigstens in der Pause selbst Regie. Wenn sie Lust auf Wissenserwerb hat, holt sich die medienverwöhnte Generation die Information in attraktiv gestalteten Instantpackungen vom Bildschirm.

2. Die LehrerInnen oder: Pädagogisches Ethos verleiht Flügel

Natürlich sind LehrerInnen nicht blind oder taub. Sie merken und leiden daran, was sich im Klassenzimmer abspielt. Was können sie aus der Vorratskiste ihrer Ausbildung holen?

Die falsche Weichenstellung erfolgt schon in der Ausbildung der LehrerInnen. Das Wort täuscht doch vor, dass die LehrerInnen dann genug gebildet sind, dass es AUS ist mit der Bildung, sobald sie die Ausbildungsstätte verlassen haben. Dann nämlich haben sie genug gehört von 08/15-SchülerInnen und Klassen – so als ob aus einer Ansammlung der einen automatisch die andere würde. Und sie haben genug eingeimpft bekommen, dass Lehrersein kein Job, sondern eine Berufung ist, zu der das pädagogische Ethos gehört wie der Weihrauch in die Kirche.

Mit diesem pädagogischen Ethos als hehrem Anspruch an sich selbst, dem man nie Genüge tun kann, stehen die LehrerInnen einem Haufen IndividualistInnen gegenüber, der weder etwas mit Normschülern noch mit einer Klassengemeinschaft gemeinsam hat. Weil sie ja Unterricht und schließlich auch Erziehung anbieten wollen, müssen sie sich etwas einfallen lassen. Sie müssen sich etwas einfallen lassen, was sie nicht gelernt haben in ihrer Ausbildung.

Sie haben nämlich nicht gelernt, wie das geht, eine Ansammlung von Einzelpersönlichkeiten in ein arbeitsfähiges Team zu verwandeln. Sie haben nur gelernt, wie man den Stoff am besten verpackt, damit er gut angefeuchtet von den Schülern leicht geschluckt wird. Wenig haben LehrerInnen darüber gelernt, was man mit SchülerInnen tut, die sich beim Schlucken schwer tun. Und gar nichts haben LehrerInnen darüber gelernt, was mit SchülerInnen zu tun ist, die gar nicht merken, dass da ein Stoff angeboten wird, weil sie so beschäftigt sind, den Nachbarn zu ärgern.

Die LehrerInnen sind der Meinung: Man muss viele SchülerInnen erst einmal sozialisieren.

So betrachten sie Schule und Unterricht als Teil eines umfassenden Sozialisierungskonzepts. Die SchülerInnen sind die EmpfängerInnen, SozialhilfeempfängerInnen.

LehrerInnen sind die, die die Hilfe erteilen. Wie HandelsvertreterInnen für pädagogisch richtiges Verhalten bieten sie die Ware Unterricht und Erziehung an. Sie nehmen ihre alleinige Verantwortung und Pflicht, die schwarzen Schäfchen von der anderen Seite des Ufers auf den rechten Weg zu führen, ernst. Das pädagogische Ethos gibt die innere Stärke, den verantwortungslosen, hilflosen verhaltensgestörten Opfern und Tätern den Weg zu weisen.

Wenn man es nicht selbst schafft, wird ein Experte gerufen, der das tun soll.
Manche LehrerInnen ziehen sich auf den Standpunkt zurück, sie hätten einen Job wie andere auch, und der heißt, Stoff an den Mann und die Frau zu bringen. Wer den nicht nehmen will, fliegt eben raus. Basta. Nur die Angst vor allgemeinem Schülerschwund, der zum Lehrerschwund führen könnte, steht dem im Weg.

Andere wieder leben ihren Status als Pippi Langstrumpf oder Peter Pan aus. Sie verachten die Anstrengungen der Aufbaugeneration und wollen für nichts

Verantwortung übernehmen, schon gar nicht für fremde Kinder. Eher verbünden sie sich mit ihnen gegen die ernsten Erwachsenen. Sie selber wollen nicht älter (Eltern) werden.

Doch die Mehrheit der Lehrpersonen hat den Beruf nicht der Ferien oder des unterrichtsfreien Nachmittags wegen gewählt. Da fiel das Beschwören des pädagogischen Ethos schon auf fruchtbaren Boden.

Beseelt von diesem Auftrag wird daran gearbeitet, die Zöglinge auf den rechten Weg zu führen.

Persönlichkeitsbildung glaubt man mit zwei, drei Interaktionsspielen abhaken zu können. Der Autonomie der SchülerInnen scheint Genüge getan, wenn man ein Mal pro Woche Offenes Lernen anbietet, wobei Station für Station in mühsamer Heimarbeit von den LehrerInnen genau vorbereitet wurde. Teamarbeit in der Klasse passiert ein Mal pro Jahr im Mini-Projekt.

Aber woher sollen es die LehrerInnen wissen und können?

Sie haben entdeckt, dass sie all die geforderten Kompetenzen nebenberuflich erwerben sollten, denn ihre Ausbildung reicht schon lange nicht mehr. Aber selbst wenn sie große Bereitschaft zur Weiterbildung haben, werden sie orientierungslos im Chaos der Fortbildungsangebote im Stich gelassen. Denn da ist nirgendwo ein Motto, eine Absicht, ein Gesamtkonzept erkennbar. Oder allermindestens eine Basis-Zusatzbildung für LehrerInnen, für die es noch nicht aus ist mit der Bildung.

Reizworte, Referentennamen und Seminarorte locken einmal dahin, dann wieder dorthin. Mosaikstein für Mosaikstein wird aus den Bauchläden der Anbieter geholt. Die Behörde schaut (fasziniert? gelangweilt?) dem Treiben zu und zahlt (noch). Nur eine Non-Profit-Organisation kann sich dieses unprofessionelle Vorgehen leisten: keinerlei Qualitätskontrolle, kein zielgerichtetes Vorgehen.

Beobachter der Szene könnten den Eindruck gewinnen, es gäbe zwei nebeneinander bestehende heimliche Ziele: Das eine Ziel, allein Verantwortung zu übernehmen, und das andere, für Wohlbefinden und Unterhaltung zu sorgen.

Ersteres wird fast ausschließlich von den Erwachsenen – und zwar bis zum Ausbrennen – verfolgt, Zweiteres von den SchülerInnen.

Dieser Unterschied bestimmt ganz wesentlich, dass einiges im Unterricht schief laufen muss.

Nur eines haben LehrerInnen und SchülerInnen gemeinsam: dieselbe Orientierungslosigkeit.

II. Schule, wie sie werden kann: Soziales Lernen

LehrerInnen und SchülerInnen haben denselben Arbeitsplatz.
Wenn sie davon erzählen, könnte man meinen, jede/r arbeite woanders. Von Gemeinsamkeit ist wenig zu merken.

Das habe ich auch persönlich erfahren:

Als ich vor Jahrzehnten meine allerersten Unterrichtsstunden hielt, verließ ich das Klassenzimmer manchmal schweißnass. Haben die SchülerInnen meine Wissenslücken bemerkt? Was hatte das Kichern in der letzten Bank zu bedeuten? Wieso komme ich mit dem Stoff so zäh voran? Ist es aufgefallen, dass meine Vorbereitung schon zehn Minuten vor dem Läuten zu Ende war? Wie kann ich nächsten Montag um acht Uhr Achtzehnjährige für Philosophie motivieren?

Zunächst blieb ich mit meinen Fragen allein. Ich versuchte es als Einzelkämpferin zu schaffen. Das war anstrengend.

Doch langsam gewann ich den Mut, die SchülerInnen zu fragen. Ich lernte KollegInnen kennen, die von ihren Erfahrungen berichteten und mit mir zu umfassenden Themenbereichen fächerübergreifend arbeiteten. Ich lernte die Teamarbeit im Klassenzimmer und im Konferenzzimmer schätzen. Als Schulpsychologin begegneten mir wieder viele EinzelkämpferInnen: SchülerInnen, LehrerInnen, Eltern und SchulleiterInnen.

Eines Tages bat man mich, drei Schulen auf dem Weg zu einer humaneren Schule zu begleiten. Das Projekt „Soziales Lernen" begann.

Nun gibt es dreizehn Jahre Erfahrung damit. (Das Produkt dieser Erfahrung der Beteiligten ist die kostenlos erhältliche Broschüre des BMUK „Soziales Lernen. Sich selbst entfalten und die Kraft der Gruppe nutzen".)

Das Projekt fand mittlerweile an zig Schulen statt; an Allgemeinbildenden Höheren Schulen, an Berufsbildenden Höheren Schulen, an Hauptschulen.

Das Besondere: Alle LehrerInnen, die in derselben Klasse unterrichten, lernen, als Team zusammenzuarbeiten.

Sie selbst fangen als „Soziale LernerInnen" an, in einem viertägigen Seminar. Zwei Jahre lang werden sie begleitet. In monatlichen zweistündigen Teamsitzungen besprechen sie die aktuelle Situation: ihre eigene und die in der Klasse. Die LehrerInnen erzählen, was sie planen und was ihnen Sorgen macht. Sie unterstützen einander und entwickeln als Gruppe viele Ideen, auf die der oder die Einzelne nie käme. Manchmal gibt es auch Teamteaching oder Projektunterricht. Und manchmal beschließen sie, ihre neuen Erkenntnisse und Fähigkeiten auch ins Kollegium einzubringen: Pädagogische Konferenzen werden anders gestaltet.

Das Team entscheidet – abhängig von den vorgefundenen Rahmenbedingungen –, was es ausprobieren will. In jedem Fall lernt der Kollege, die Kollegin sich selbst und die anderen differenzierter wahrzunehmen.

Ähnliche Versuche setzen bloß bei den SchülerInnen an: als „Sozialerziehungsprogramm". Dabei besteht die Gefahr, dass der/die anbietende Lehrer/in (meist der Klassenvorstand) sich selbst total überfordert. Die KollegInnen hingegen sind unterfordert. Das heißt, sie beobachten aus der Distanz, inwiefern sich die SchülerInnen ändern. Jeden vermeintlichen Fehlschlag registrieren Böswillige mit Genuss.

Im oben genannten Projekt kann das nicht passieren, denn: Alle sitzen im selben Boot.

Ich habe erlebt, wie Schule mit Sozialem Lernen werden kann.

Nun will ich versuchen, Ihnen, liebe Leserin, lieber Leser, die Erfahrungen weiterzugeben. Es bereitet mir große Schwierigkeiten, einfach zu erklären, was das Soziale Lernen ist: Nicht weil ich der Sprache nicht einigermaßen mächtig wäre. Sondern: Wie kann man einen Prozess, der zwischen Lebewesen abläuft, zu Papier bringen? Wie kann das dargestellt werden, was dabei allgemein gültig, welches der überall gleichartige Kern oder der Rote Faden ist?

Mein Trost: Menschen, die diesen Prozess erlebt haben, wissen, was mit Sozialem Lernen gemeint ist.

Ich möchte Ihnen daher Mut machen, sich auf eine Wanderung zu begeben. Sie selbst wissen am besten, was Sie sich dabei zumuten können.

1. Der erste Schritt

Auch eine Wanderung von tausend Kilometern beginnt mit einem ersten Schritt.

Vor Jahrzehnten sahen mein Mann und ich im Fernsehen einen sehr alten Sowjetbürger, der erzählte: Ein paar Jahre zuvor hätte sein Arzt ein schweres Herzleiden diagnostiziert und ihm Schonung abverlangt, andernfalls wäre seine Lebenserwartung sehr kurz. Doch der Mann hatte noch einen Lebenstraum: Er wollte die Sowjetunion zu Fuß durchqueren. Koste es, was es wolle, und sei es den Tod. Er machte sich auf den Weg.

Und siehe da, nun – wenige Jahre später – trat er im TV auf, frisch und munter, in bester körperlicher Verfassung.

Mein Mann war fasziniert. Er beschloss: Ich geh' die Seidenstraße. Ein Traum seit Kindheitstagen. In der Pension. Doch bis dahin waren es noch einige Jährchen. Unsere Kinder waren fürs Wandern nicht zu begeistern. Doch als sie aus dem Haus waren, planten wir eine erste Weitwanderung: von Vorarlberg Richtung Wien. Für Ungeübte viel. Neben der schlechten Kondition waren wir auch schlecht gerüstet. Ein dreitägiger Dauerregen machte uns den Garaus. Enttäuscht mussten wir aufgeben. Wir erkannten, dass wir unser Ziel zu hoch angesetzt hatten.

Vorigen Sommer machten wir einen neuerlichen Versuch: In die entgegengesetzte Richtung.
Bescheiden und gut ausgestattet, wanderten wir zwei Wochen lang von Wien Richtung Westen, von flachem zu steilerem Gelände. Und nicht stetig hinauf, sondern Hügel rauf, Hügel runter und in der Ebene, wo glühend heiße Landstraßen uns viel Durchhaltevermögen abverlangten, höhere Berge hinauf und wieder runter.

Die Planung der Tagesetappen war für uns Richtschnur. Wir lernten, die Teilziele den gegebenen Voraussetzungen anzumessen. Nach einem fulminanten Start fanden wir das uns gemäße Tempo. Zwischendurch belohnten wir uns mit erfrischenden Getränken oder mit einer Rast mit schöner Aussicht. Doch keiner von uns würde sagen, er/sie sei wegen dieser Belohnungen marschiert.

Oft waren mühsame und zeitraubende Verhandlungen notwendig. Mein Mann und ich hatten jeder eine eigene Landkarte mit. Sie unterschieden sich durch verschiedene Maßstäbe. Daher ergab sich immer wieder die Situation, dass entschieden werden musste, wessen Vorschlag durchgeführt wird. Es war uns wichtig, zu einer einhelligen Auffassung zu kommen. Damit es nicht passieren konnte, dass einer tut, was der andere will und nachher sagt man/frau: Siehst du, du bist schuld. Dieses Vorgehen kostete Zeit und so manchen Umweg.

Wir schafften es bis Ebensee, 360 Kilometer immerhin.

Wir haben eine Entdeckungsreise gemacht: Wir haben unsere ICHs und ein neues WIR entdeckt und die gemeinsam erwanderte Landschaft war beinahe eine Gratisdraufgabe.

2. Unterwegs zur lernenden Schule

Wenn du keine Zeit hast, mach einen Umweg.
(Taoistisches Sprichwort)

Was das alles mit Schule zu tun hat?

Das Schulsystem ist nichts Statisches. Veränderungsprozesse sind wie Wanderungen: In der Bildungspolitik wird oft auf dem Reißbrett die Verwirklichung von Visionen geplant. Doch auch so manche/r Praktiker/in will seine/ihre Ideen im Eilzugstempo verwirklichen und überrollt dabei die Betroffenen oder fühlt sich von diesen ausgebremst.
Innovative SchulleiterInnen starten – eventuell mit Hilfe von externer Beratung – einen Organisationsentwicklungsprozess, der die Schule konkurrenzfähig machen soll. Das Schulklima soll verbessert werden. Sie beginnen die Wanderung im steilsten Gelände und landen irgendwann ermattet bei der Erkenntnis, dass wichtige Grundlagen fehlen: Statt Kooperation gibt es Konkurrenz und Einzelkämpfertum, statt dem Miteinander ein Gegen- oder Nebeneinander. Die Verantwortung wird im Ernstfall wie ein Wanderpokal weitergereicht. Die Person, die glaubt, die Gesamtverantwortung zu haben, fühlt sich überfordert. Die anderen sind in Bezug auf das Ganze zwangsbeglückt und unterfordert.
Diese Konstellation gibt es sowohl in der Schule als auch in der einzelnen Klasse.

In beiden Fällen wird im Namen einer gemeinsamen Sache oder gar einer (gem-) einsamen Vision rasch gehandelt und strukturelle Maßnahmen werden getroffen. Die Schule, die Klasse wird verwaltet. Das Fehlen der Beziehungs- und Beteiligungskultur wird nicht bemerkt. Bei Schönwetter fühlen sich alle eine Weile lang wohl auf der Bergspitze.

Doch plötzlich kommen heiße Brocken geflogen: Die SchülerInnen quälen einen Außenseiter, KollegInnen verbeißen sich unversöhnlich in konträren pädagogischen Standpunkten. Man kommt sich vor wie auf einem Vulkan.

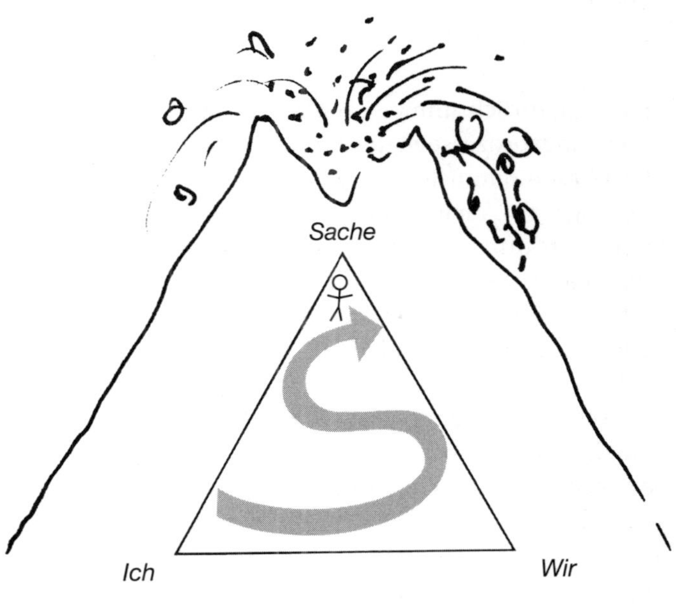

Schuldige werden gesucht und bei „den anderen" gefunden. Auf rasche Lösungen wird gedrängt.

Wer rasch hoch hinaus will, fällt leicht tief.

Menschen sind keine Roboter. Und in der Schule haben wir es mit Menschen zu tun. Die Menschen stützen, die Sachen klären: Darum geht es in der Schule. Der Weg beginnt bei den Menschen.

Ein taoistischer Spruch heißt: Wenn du keine Zeit hast, mach einen Umweg. (Übrigens heißt das chinesische Wort „tao" Weg, Richtschnur.)

Gerade wenn es uns wichtig ist, SchülerInnen fachliche Qualifikationen zu vermitteln oder ein völlig neues Schulprofil zu entwickeln, ist ein vermeintlicher Umweg angesagt: Nicht top-down, sondern bottom-up führt der Weg. Genauso wie der individuelle Entwicklungsprozess: Zuerst lernt das Kind „Nein" zum anderen und „Ich" zur eigenen Person zu sagen (Individuation), dann entdeckt es spielerisch die anderen als KommunikationspartnerInnen (Sozialisation) und schließlich wird es fähig, Regeln einzuhalten und sich Kulturtechniken anzueignen (Enkulturation).

Menschen, die eine gewisse Zeit miteinander verbringen, durchlaufen einen ähnlichen Prozess. Dieser Prozess wird als Soziales Lernen bezeichnet.

Es ist natürlich immer problematisch, lebendige Entwicklungsprozesse statisch und als Abfolge bestimmter Phasen darzustellen. Daher das Bild der Weitwanderung: Es meint, dass ein Prozess nie einmal normhaft durchlaufen und damit abgeschlossen werden kann. Es geht darum, wichtige Entwicklungsschritte immer wieder neu zu wagen, sie von einer anderen Seite oder mit Hilfe anderer Ressourcen zu gehen. Eine Gruppe muss immer wieder, auch wenn sie schon ein hohes Maß an Vertrautheit gewonnen hat, Zeit auf der psychosozialen Ebene verbringen, ehe sie den nächsten Höhenflug zu schwierigen Sachfragen unternimmt.

Wichtig ist es, von einer tragfähigen Basis auszugehen. Von einer wackeligen und brüchigen Unterlage aus ist jeder weitere Schritt ein Wagnis. Auch über Abgründe hinweg kann man solide Brücken der Beziehungs- und Beteiligungskultur bauen. Über diese Brücken können auch schwere Sachen transportiert werden.

3. Das Soziale Lernen – eine lebenslange Entdeckungsreise

Der kommt am weitesten, der bei sich selber bleibt.
(R. Sprenger)

Die Klasse ist eine Gruppe. In der Gruppe wirken in jedem Augenblick vier Einflüsse:

1. die Summe aller Personen, die ICHs
2. das (heimliche und offizielle) Beziehungsgefüge, das WIR
3. die (heimliche und offizielle) gemeinsame SACHE und
4. die Rahmenbedingungen: Raum, Zeit, Strukturen und der Zusammenhang mit dem Gesamtsystem.

Die Einflüsse wirken oder sie können gezielt gestaltet werden. In jedem Fall geht es um einen Lernprozess; es geht um Soziales Lernen.
In den folgenden Ausführungen wird dargestellt, was Soziales Lernen ist und was die Kooperation in der Klasse fördert.

Der Lernprozess der Klasse vollzieht sich in aufeinander folgenden Phasen: Orientierung, Gärung und Klärung, Produktivität. Auf dem Weg vom Ich zur sich selbst organisierenden Gruppe lassen sich sieben Teilziele und sieben Etappen dorthin unterscheiden:

1. Sich selbst wahrnehmen und angemessen darstellen
2. Andere beachten und anerkennen, anderen (aktiv) zuhören
3. Rückmeldungen geben und empfangen, Regeln vereinbaren
4. Konflikte bearbeiten
5. Gruppen bilden
6. In Gruppen arbeiten
7. Die Zusammenarbeit beurteilen

Soziales Lernen

➩ ist der Weg vom Ich zur arbeitsfähigen Gruppe

➩ heißt sich selbst entfalten und die Kraft der Gruppe nutzen

➩ meint die Entwicklung einer Gruppe zum selbst organisierten Team

➩ besteht in der Arbeit einer Gruppe an einer gemeinsamen Sache

➩ verlangt die Gleichgewichtung von ICH, WIR und SACHE

➩ verläuft von der Selbstbestimmung über die Solidarität zur Mitbestimmung

➩ baut Beziehungs- und Beteiligungskultur auf

➩ führt zur Verknüpfung von Selbst-, Sozial- und Sachkompetenz

➩ kennt nur Lernende mit unterschiedlichen Voraussetzungen

➩ bedeutet den Prozess von der Leitung zur BegLeitung

➩ hat einen Roten Faden mit sieben Wegabschnitten

➩ beruht auf einer Pädagogik des Sowohl-als-auch

➩ gründet Demokratie als Summe von Emanzipation und Gemeinschaftsorientierung

➩ ist nie zu Ende

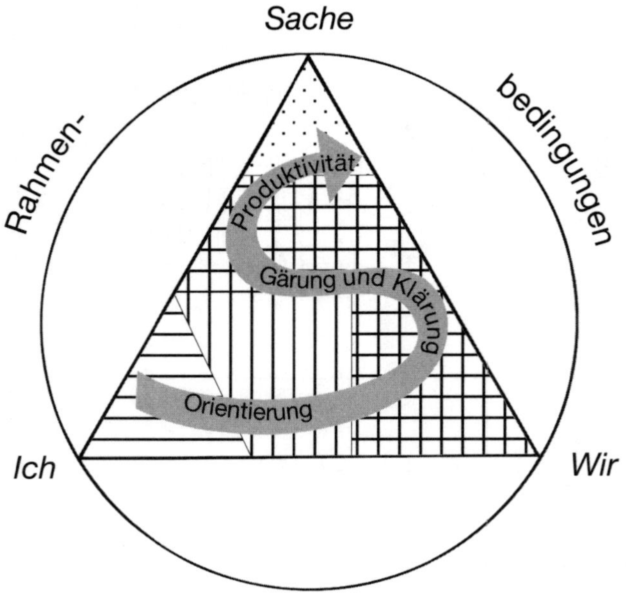

Markierungen in verschiedenen Farben kennzeichnen unterschiedliche Wegabschnitte bzw. Standorte:

gelb: das Individuelle, Außergewöhnliche, Besondere, Hervorstechende, ICH

rot: das Gefühl, Wärme, Emotionales, Aufregendes, Aggression, Auseinander-setzung, DU

gelb + rot = ICH + DU = orange = WIR

blau: das Nüchterne, Kalte, Klare, Rationale, Sachliche, die SACHE

Die Legende:

Metapher	Beispiel aus der Klassensituation	Symbol/Farbe	Begriff
Ausgangspunkt	Problem: feindliche Cliquen in der Klasse	Punkt (im Bsp.: WIR)	IST-Zustand
Ziel	Leistungsverbesserung durch bessere Klassengemeinschaft	Punkt (im Bsp.: SACHE)	Wunsch-Zustand
Gebiet	Subsystem Klasse: • Fachliches, Leistungen • Gefühle, Beziehungen	Dreieck • blau • gelb–rot–orange	Arbeitsfeld • Sachebene, Inhalt • psychosoziale Ebene
Umfeld	Einflüsse: LehrerInnen, Elternhaus, Schulstandort, gesellschaftlicher Kontext, Raum und Zeit	Umkreis	Rahmenbedingungen
Route, Weg	Vorgehen zur Änderung	s-förmige Linie	Prozess
Markierungen			Roter Faden
	einzelne/r Schüler/in äußert Meinung	gelb	ICH
	Schüler/in rauft mit anderer/m	rot	DU
	Klasse opponiert gemeinsam gegen Lehrer/in	gelb + rot = orange	WIR

III. Wegweiser

Wir müssen uns daran gewöhnen:
An den wichtigsten Scheidewegen unseres Lebens stehen keine Wegweiser.
(E. Hemingway)

1. Planung

Zum Erfolg gibt es keinen Lift;
man muss die Treppe benützen.

Wenn Sie eine Wanderung machen wollen, gehen Sie sicher nicht einfach von zu Hause weg. Selbst abenteuerlustige Weltenbummler planen sehr genau.

In der Schule gleichen die Arbeitssituationen (egal, ob wir sie Unterricht oder Klassenkonferenz nennen) eher sich zufällig entwickelnden Abläufen.

Vor allem zu Beginn ist große Dynamik spürbar – so, als würde sich die Gruppe gleichzeitig in ein unbekanntes Gewässer stürzen. Eine wichtige Person fängt an, andere wichtige Personen tun mit und es entwickelt sich Arbeitsatmosphäre. Oder doch nicht? Oft wird es immer zäher und zäher. Langeweile breitet sich aus. Manche wissen nicht mehr, wozu sie ihre kostbare Zeit opfern. Es scheint so, als hätte sich die Wassertemperatur entweder als zu heiß erwiesen – ergo erlahmt alles – oder als zu kalt – ergo kann sich jeder nur durch heftige Bewegung erwärmen, die aber keinerlei Koordinationsleistung mit anderen zulässt.

Dem Erfolg versprechenden Beginn folgt oft eine hitzige Konfliktphase, die ein Weiterkommen in der Sache zu torpedieren scheint. Oder es wird weitschweifig eine Sache nach der anderen dargelegt, keiner hat mehr einen Überblick und das Gefühl von Verbindlichkeit geht verloren.
Was ist passiert?

Schon am Anfang wurde der Keim zum Scheitern gelegt. Vor lauter Bereitschaft, gute Arbeit zu leisten, wurden die wichtigen vorbereitenden Schritte übersprungen. Ohne die eigene Kondition und die äußeren Bedingungen (die Wassertiefe und -temperatur zum Beispiel) zu überprüfen, ging es los.

Wir nehmen uns keine Zeit für die Vorbereitungsphase und wundern oder ärgern uns dann über Misserfolge.

Ob es sich um

- eine Teambesprechung, eine Veranstaltung zu einem Thema, um Unterricht oder eine pädagogische Konferenz handelt,
- ein einmaliges einstündiges Angebot oder eine mehrtägige Veranstaltung handelt,
- um intensive persönliche Selbsterfahrung oder eine Informationsveranstaltung handelt,
- fünf oder 250 teilnehmende Personen handelt,

die vorbereitenden Überlegungen und der Rote Faden für den Ablauf sind immer dieselben.

Daher möchte ich Ihnen folgende Hinweise für die Planung Ihrer Weitwanderung geben (Starten Sie in der Darstellung bei Punkt 1 und setzen Sie im Uhrzeigersinn fort. Um die nächste Etappe der Klassenwanderung zu bestimmen, steht Ihnen auch eine Checkliste zur Verfügung, s. S. 72):

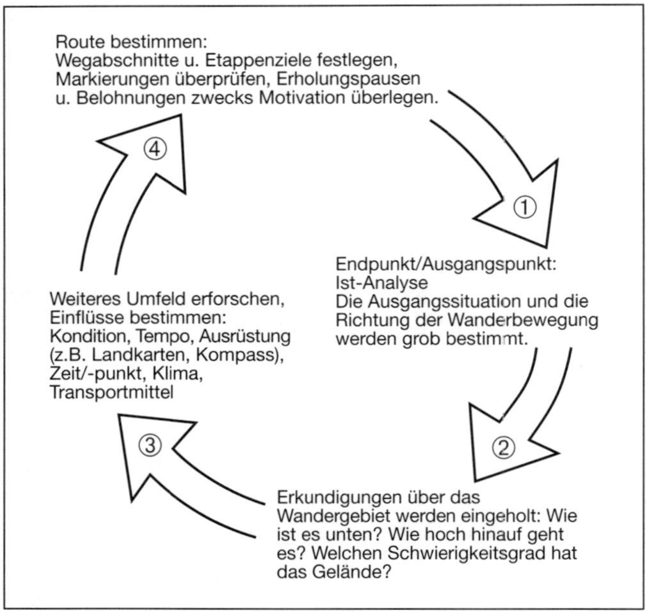

2. Wanderziele

Wer nicht genau weiß, wohin er will,
braucht sich nicht zu wundern,
wenn er ganz woanders ankommt. *(R. Mager)*

Am liebsten alles und am besten sofort.

Das scheint unser Motto in der Schule zu sein. Wenn wir die Gewichtung von psychosozialem Bereich und Sachebene für unser Miteinander ernst nehmen, dann steht es 4: 1. Oder anders: Für die pädagogischen Lernziele müsste viermal so viel Zeit sein wie für die fachlichen. Oder noch pointierter: Nehmen wir die 5. bis 9. Schulstufe, also fünf Schuljahre her. Dann ist es gerade recht, wenn ein Jahr für Fachkompetenz und vier Jahre für die Selbst- und Sozialkompetenz investiert werden.

Freud meinte, nur ein Fünftel des Eisberges sei uns bewusst. Ich meine: Wir nehmen die Fachbereiche so wichtig, dass wir die anderen vier Fünftel, die uns manchmal das Schulleben höllisch heiß machen, nicht registrieren.

Das ist Zahlenspielerei?

Glücklicherweise lässt sich der Mensch nicht auf Kopf und Rumpf aufteilen, und das Geschehen in der Klasse birgt in jeder Minute des reinen Fachunterrichts immer auch Lernmöglichkeiten über das Ich und das Wir: Wie lange sitze ich bewegungslos und halte den Mund? Wie drücke ich meine Andacht am besten aus? Wie kann ich meiner Nachbarin geschickt einsagen? Wer schupft wem ein Briefchen zu? Wer sorgt endlich für Action, indem er laut die Coladose zerdrückt?

Da Sie dieses Buch lesen, haben Sie vor, das Soziale Lernen nicht einfach geschehen zu lassen, sondern gezielt und sinnvoll zu gestalten. Sie haben beschlossen, sich auf eine Weitwanderung einzulassen.

Damit Sie wissen, worauf Sie sich dabei einlassen, möchte ich Ihnen einen Überblick über eine mögliche Aufteilung der Lernziele und Themen für fünf Jahre (5. – 9. Schulstufe) zeigen (s. Kopiervorlage 1):

1. Klasse

Motto: Ich bin ich und neugierig auf dich

Ziel:
- Detektiv/in werden, mit (Zeit-)Lupe wahrnehmen und Wahrnehmungen ausdrücken

Themen:
- sich selbst wahrnehmen (Name, Herkunft, Zugehörigkeit, Gefühle, Erwartungen, Wünsche, Stärken, Grenzen, Körper, Lerntyp ...)
- verschiedene Ausdrucksformen kennen lernen und anwenden
- Unterschiede zu und Gemeinsamkeiten mit anderen entdecken

Ziel:
- Verbindungen herstellen und Gemeinschaft erleben

Themen:
- Rituale, Regeln, Feiern erfahren

2. Klasse

Motto: Ich lebe und gestalte Beziehungen

Ziele:
- andere be-/achten
- Rückmeldungen geben und annehmen
- (eigene) Regeln entwickeln und Konflikte bearbeiten

Themen:
- Kommunikation
- Lernen lernen
- Freundschaft, erste Liebe, Sexualität
- Rollen in der Klasse

3. Klasse

Motto: Ich setze mich auseinander

Ziele:
- Konflikte bearbeiten (in mir, zwischen Personen, in und zwischen Gruppen)

Themen:
- Freizeit – Lernen
- Aggression – Ängste
- das/die Fremde(n) – Vorurteile, Außenseiter
- Gemeinschaft und Demokratie
- Pubertät

4. Klasse

Motto: Ich nehme mein Leben in die Hand

Ziele:
- sich (als Gruppe) organisieren
- Berufs-/Laufbahnwahl treffen
- Trennung – beurteilen und beurteilt werden

Themen:
- Ich und meine Zukunft
- Lern- und Lebensplanung
- Miteinander leben, Gruppenphänomene
- Abschied – Trennung

5. Klasse

Motto: Ich organisiere

Ziel:
- sich selbsttätig orientieren und handeln

Themen:
- Beginn – Orientierung
- Planung und Organisation

Sie werden nun entrüstet einwenden: Ich kann doch nicht erst im dritten Jahr Konflikte lösen. Die habe ich doch spätestens in der zweiten Schulwoche der ersten Klasse (5. Schulstufe)!

Ich weiß: Am liebsten alles und am besten sofort.

Irgendwie haben Sie Konflikte in der Klasse auch bearbeitet, ehe Sie das Buch gelesen haben. Und es hindert Sie niemand, das weiter zu tun in einer ersten Klasse. Wenn Sie allerdings in der dritten Klasse nicht mehr allein der/die Feuerwehrmann/frau sein wollen, sondern endlich gemeinsam mit allen SchülerInnen, vor allem mit den unmittelbar betroffenen, konstruktiv an Konflikten arbeiten wollen, dann sind zwei Jahre Vorarbeit zu investieren.

Wenn Ihre Klasse einigermaßen selbstständig kleinste und größere Projekte organisieren soll, dann setzt das mehrere andere Lernschritte voraus.

Es geht um eine Weitwanderung: Hügel um Hügel, Berg um Berg ist zu erklimmen. Natürlich können Sie manchmal die ganze Klasse per Hubschrauber auf eine Bergspitze bringen. Aber ohne trainierte Wadenmuskeln, ohne Wetterkenntnisse und ohne Kompass werden Sie ihn beim nächsten hohen Berg wieder brauchen.

Es geht um die Entdeckung der Langsamkeit, um ein kontinuierliches, aufbauendes Konditionstraining. Der erste und wichtigste große Lernschritt im Sozialen Lernen heißt: Sich und andere differenzierter wahrnehmen; diagnostische Kompetenz entwickeln; detektivische Fähigkeiten entfalten; sich selbst und die Welt mit neuen Augen anschauen.

SportlerInnen überprüfen ihre Leistungsfähigkeit immer sehr genau.

In der Schule wird im Fachbereich ständig überprüft. Für das Soziale Lernen entfällt das.

Prüfungen durch andere sind meist unangenehm. Die Selbstprüfung, die Erfolgskontrolle, ist ein Teil der diagnostischen Kompetenz. Wenn es wirklich Selbstkontrolle sein soll, dann müssen persönliche Leistungsstandards individuell bestimmt werden. (Ein Beispiel für Selbstkontrolle in der ersten Klasse finden Sie bei den Übungen, S. 111.)

3. Wegmarkierungen

Zwischen rechts und links gibt's noch geradeaus.

Sie wollen eine Unterrichtsstunde zum Sozialen Lernen, eine Klassenkonferenz oder einen Elternabend durchführen? Der Rote Faden für die Tagesordnung ist immer derselbe:
Die Wegmarkierung beginnt Gelb (beim ICH), führt weiter mit Rot (DU) zu Orange (WIR). Jetzt ist die Beziehungsbrücke (in warmen Farben) gebaut. Fachleute sprechen auch von der psychosozialen Ebene und meinen damit alles an Bedürfnissen, Wünschen, Gefühlsregungen, die oft unbewusst unter den bewussten sachorientierten Handlungen verborgen sind. Um unliebsame Überraschungen zu vermeiden, ist eine gut geplante Wanderung über begehbares Gelände wohl vorzuziehen. Dazu heißt es oft: am tragfähigen Fundament bauen.

Erst dann geht's zur Sache.

Der Rote Faden für drei Gelände mit unterschiedlichen Schwierigkeitsgraden

a) Gelände mit Schwierigkeitsgrad 3: Die Situation ist komplex Typ: Krisenintervention

Beschreibung des Geländes: Es ist unwegsam, steil, herausfordernd, ungesichert.

Es gibt viele oder komplexe Probleme, es hat sich viel aufgestaut, viele Personen sind beteiligt, vergebliche Lösungsversuche wurden unternommen.

Beispiel für das Thema: Es gibt massive Probleme in der 1 a.

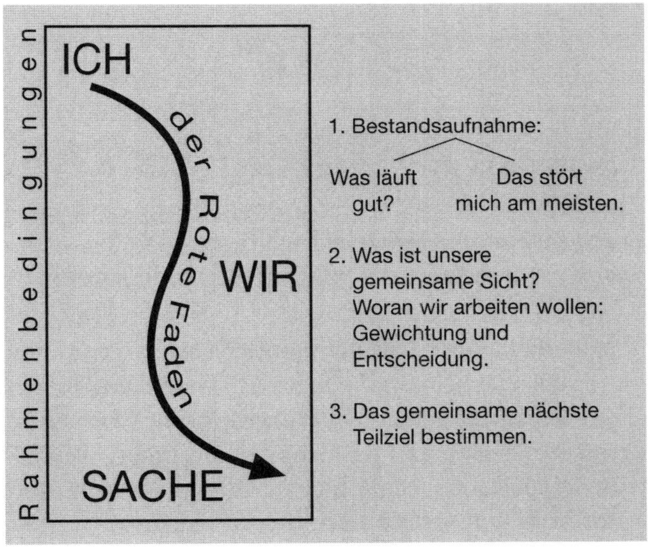

Ziel: Klärende Bestandsaufnahme

b) Gelände mit Schwierigkeitsgrad 2: Die Situation ist unklar Typ: Zusammenkunft ohne Thema

Beschreibung des Geländes: unübersichtlich, mäßig anspruchsvoll, Gefahr von Nebeleinfall.

Ein Klassenrat, eine KV-Stunde, ein Sesselkreis oder eine Teamsitzung der LehrerInnen ist angesagt, wobei auf die aktuelle Situation eingegangen werden soll.

Beispiel für das Thema: Was steht heute an?

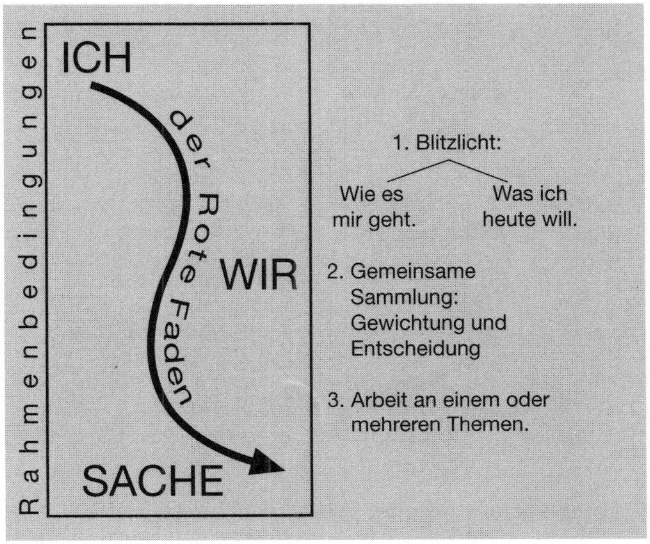

Ziel: Die gemeinsame Sache klären und bearbeiten

c) Gelände mit Schwierigkeitsgrad 1: Die Situation ist klar Typ: Zusammenkunft mit Thema

Beschreibung des Geländes: leicht begehbar, gute Sicht und gute Markierungen, Ziel leicht erreichbar.

Jede Schulstunde entspricht diesem Typus. (Achtung: Überprüfen Sie, ob das im Einzelfall tatsächlich so ist. Vielleicht finden Sie gerade Schwierigkeitsgrad 2 oder 3 vor, weil in der Stunde zuvor eine schwierige Schularbeit war oder weil Sie selbst nicht so genau das Lehrziel der Stunde wissen?) Auch einmalige oder regelmäßig stattfindende Zusammenkünfte, für die ein vorher gemeinsam vereinbartes und klar eingegrenztes Thema geplant ist, entsprechen dem Schwierigkeitsgrad 1.

Beispiel für das Thema: Wie wahr ist unsere Wahrnehmung?

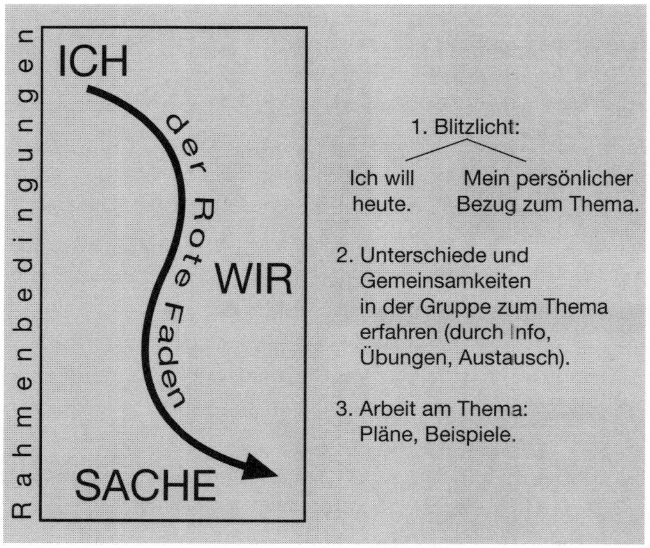

Ziel: Arbeit an der gemeinsamen Sache

Ausnahmen:
Wann ist der Rote Faden nicht notwendig?

1. Wenn Sie als Leiter/in absolut alles vorgeben und ganz allein für das Ergebnis verantwortlich sein wollen. Das ist z. B. dann der Fall, wenn Sie ausschließlich Information weitergeben wollen.

2. Beim genauen Gegenteil, wenn planvolles Vorgehen absolut kontraproduktiv ist, weil sich aus dem Chaos etwas entwickeln soll.

Fragen Sie sich ehrlich, wie oft diese Ausnahmen gelten!

Ob es sinnhaft ist, den Roten Faden anzuwenden, hängt also stark mit dem Thema „Leitung" zusammen. Am effektivsten ist er einsetzbar, wenn es in der Gruppe um geteilte Verantwortung geht und das auch allen klar ist.
Auf dem Weg Richtung Teamarbeit geht es um die Abfolge:

1. Beziehungs- und Beteiligungsbrücke bauen (ICH – WIR)
2. Sachthemen transportieren

Es ist hilfreich, wenn es eine für alle VerkehrsteilnehmerInnen gültige Straßenverkehrsordnung (besser: Menschenordnung) gibt.

4. Kompass und erste Hilfe

Zuerst kommt der Mensch und dann kommt die Menschenordnung. *(C. Zuckmayer)*

Nur kleine Kinder hält man an der Hand, wenn man mit ihnen über die Straße geht. Mit dem Schuleintritt sind sie diesem Alter meist entwachsen. Doch viele Erwachsene glauben, dass die SchülerInnen wenigstens an die lange Leine gelegt werden müssen, und Einzelne halten sogar Ketten für das Sicherste.

Natürlich gibt es Steilwände, die man nur angeseilt erklimmen kann. Doch wie soll das mit einer Klettergruppe von 30 Personen, die alle gleichzeitig zum Gipfel wollen (müssen), funktionieren?

Besser doch lieber in einem Gelände wandern, das auch Erfolge, die man für sich ganz allein verbuchen kann, garantiert und sogar Mut und Lust zu individuellen Experimenten gestattet.

Manchmal, besonders am Anfang, ist es hilfreich, wenn es eine/n Wanderführer/in gibt: jemanden, der vorgeht, weil er sich auskennt, und sagt, wo es lang geht. Wenn er/sie das allerdings immer tut, bleibt es für die Gruppe nicht gerade motivierend. Und für den/die Wanderführer/in ist es anstrengend, wenn sich alle auf sie/ihn verlassen und er/sie die gesamte Verantwortung hat.

Besser: den TeilnehmerInnen erklären, worauf zu achten ist; was er/sie wann und wozu tut.

Er/sie kann z. B. erklären, welches Gelände sich für Rollerblades oder Mountainbikes eignet und wo man besser zu Fuß hingeht. Wann rasche Fortbewegung, etwa mit dem Flugzeug, sinnvoll ist und welche Nachteile dieses Tempo aber auch hat.

Will der/die Wanderführer/in das nicht jedes Mal wieder tun müssen, sollte sie die Gruppe viel üben lassen, damit sie dasselbe Know-how erwirbt wie er/sie.

Er/sie kann zeigen, dass man kleine Kinder, die noch nicht so große und sichere Schritte machen können, streckenweise tragen muss, damit sie mithalten können.

Er/sie kann zeigen, wie man den „BE"-Kompass benutzt: auf dem stehen drei Wörter, die mit „Be" anfangen. Das sind die drei Orientierung gebenden Prinzipien des Sozialen Lernens:

Unter **Bestätigung** versteht man:
Kapazitätsfeststellung statt Mängelanalyse

Unter **Beständigkeit** versteht man:
Zeitgeben und -nehmen statt Zeitdruck; Kontinuität

Unter **Bereicherung** versteht man:
Ressourcenpotenzierung durch Vernetzung statt „divide et impera"

Wenn man den BE-Kompass professionell einsetzt, entsteht Beziehungs- und Beteiligungskultur in der Gruppe.

Manchmal kommt die Gruppe nicht voran. Es gibt Schwierigkeiten:
- Einer bleibt sitzen oder
- Eine weint oder
- Einige verirren sich oder
- Die meisten wollen im Gasthaus bleiben oder
- Zwei Cliquen raufen miteinander oder
- Eine hat schon Stunden nichts gesprochen usw.

Ein derartiges Verhalten, das uns besonders auffällt, ist der Seismograph. Es zeigt Bewegung an. Wenn es eine Anzeige gibt, ist das gut: Die Menschen können darauf reagieren.

Mit Hilfe des Kompasses kann grob festgestellt werden, wo die Gruppe sich befindet und in welche Richtung sich die Gruppe bewegen sollte. (Für die genauere Ortsbestimmung müssen noch mehr Daten eingeholt werden. Übungen dazu s. S. 110: „Wie tickt unsere Klassenuhr?" und „Blitzlicht – Momentan ist ...") Ob die Gruppe z. B. eine Pause machen sollte, mehr Unterhaltung braucht oder mehr Kraft einsetzen sollte.

Wenn die Gruppe selber gelernt hat, wie man zu Informationen kommt und die Hilfsmittel einsetzt, kann der/die Wanderführer/in sich allmählich aus seiner/ihrer Funktion zurückziehen. Er/sie geht mitten in der Gruppe und tratscht oder als Schlusslicht und nimmt sich Zeit fürs Fotografieren. Oder er/sie geht locker nebenher und beobachtet, wie es die Gruppe ohne ihn/sie schafft.

Wenn der/die Wanderführer/in das geschafft hat, hat er/sie den Weg von der Leitung zur BegLeitung geschafft. (Weil er/sie noch immer ein/e bezahlte Funktionsträger/in ist, bleibt ihm/ihr wenigstens das große L.) Und die Gruppe den Weg zur Selbstorganisation.

Für Notfälle ist er/sie noch da. Seine/ihre besondere Fähigkeit ist sein/ihr besonders geschulter diagnostischer Blick. Das Besondere am Blick ist, dass er die Kehrseite der Medaille besonders deutlich sieht. Dieser Blick lässt sich durch keine Krankheitssymptome verwirren, sondern wertet den Hilferuf, auch wenn er undeutlich artikuliert ist und manchmal sogar nach aggressivem Gebrüll klingt, als gesundes Signal, als seismografischen Hinweis.

So kann er im Einzelfall auch spezielle erste Hilfe leisten (aber auch das bringt er den WanderInnen bei, z. B. mit der Übung S. 93).

Wenn einer eine Blase, einen Muskelkater hat, sich einfach langweilt oder sich ärger verletzt hat, hilft ihm der Spruch nicht: Hilf dir selbst.

Nehmen wir an, Sie sind o.k., nicht verletzt, und fühlen sich für eine Erstversorgung zuständig, dann sieht die erste Hilfe für eine Schülerin oder einen Schüler so aus:

(Es würde den Rahmen des Buches sprengen, hier umfassende Anleitungen für eine professionelle Beratung zu geben. Doch Sie können bei entsprechender Grundhaltung absolut nichts falsch machen, wenn Sie im unten beschriebenen Sinn handeln. Im Gegenteil, ich möchte Ihnen Mut machen, initiativ zu werden.)

Die erste Hilfe für eine/n, der sich z. B. in einem Machtk(r)ampf (mit Ihnen oder eine/m/r Mitschüler/in) befindet (siehe nächste Seite).

Vergessen Sie dabei nicht, dass es noch andere WanderführerInnen und WegbegleiterInnen für den Schüler, die Schülerin gibt. Sie können wertvolle Beiträge zur Bestandsaufnahme und zu den Änderungsvorschlägen machen. Sie werden das dann tun, wenn wir sie nicht zu Mit-/Schuldigen stempeln.

Je mehr die Eltern als KooperationspartnerInnen und streckenweise BegLeiterInnen betrachtet werden, desto mehr Unterstützung hat die Gruppe. (Da das Buch sein Hauptaugenmerk auf die Arbeit in der Klasse gerichtet hat, wird die Schulpartnerschaft nicht weiter ausgeführt, obwohl das ein besonders wichtiges Anliegen im Sozialen Lernen ist. Beispiele für die Zusammenarbeit finden Sie in der Dokumentation „Soziales Lernen. Sich selbst entfalten und die Kraft der Gruppe nutzen", hsg. vom Bundesministerium für Unterricht und kulturelle Angelegenheiten 1994.)

Für LeiterInnen, BegLeiterInnen und die Gruppe gibt es statt der Kette oder des Seils den Roten Faden zum Anhalten und die „Menschenordnung" zur Orientierung.

Kopiervorlage 2

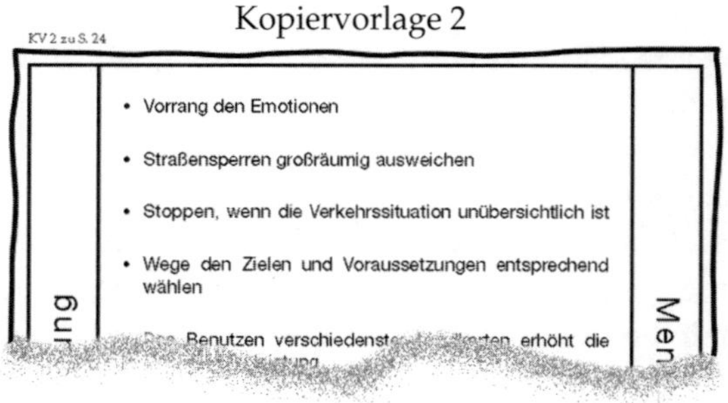

Wenn Ihre Situation folgende ist,	sagen Sie Folgendes	und haben damit folgende Kompetenz eingesetzt
Wenn Sie absolut keine Zeit haben	 Du bist ganz schön mächtig.	Die andere Seite der Medaille sehen = Um-deuten (s. Übung S. 93)
Sie haben wenig Zeit, signalisieren aber die Bereitschaft, sich mehr zu nehmen, falls es sich um eine ärgere „Verletzung" handelt	Ich hab den Eindruck, irgendwas stört dich und du brauchst mehr Platz.	Aktives Zuhören (s. Übung S. 87)
Sie nehmen sich Zeit und lassen den/die Schüler/in entscheiden, ob er Ihre Feststellung als Einladung auffasst	Ich finde es gut, dass du für dich sorgst. Anscheinend hast du mehr Vor- als Nachteile von deinem Verhalten. Vielleicht weißt du nur einfach keine Alternative, mit der du denselben Gewinn hast.	Bestätigung (keine Fragen, kein Moralisieren, keine Appelle oder Befehle, s. „Straßensperren", S. 32)
Sie haben Energie und Zeit und den Eindruck, dass der/die Schüler/in sich helfen lassen will	Was willst du unbedingt mindestens erreichen bzw. als Gewinn nicht verlieren? Wie könntest du das erreichen? Durch welches Verhalten? Was könntest du dir vorstellen auszuprobieren? Was könnte problematisch werden? Was könnte dich hindern? Was könnte dir helfen? Wer, wodurch, wann? Wie schaut der Plan genau aus? Wann beginnst du? Wie wird sich das zeigen? Wer wird das als Erste/r merken?	Hilfreiche Fragen formulieren Zieldefinition Förderliche und hinderliche Bedingungen nennen lassen Plan konkretisieren
Der/die Schüler/in hat einen Vorsatz gefasst und Sie wollen, dass das nicht unverbindlich bleibt	Ich bin neugierig, ob du es wirklich schaffst. Magst du mir in drei Wochen, am …, um … Uhr berichten?	Kontrolltermin vereinbaren
Drei Wochen sind vergangen, Sie haben kurz Zeit	Wie ist es dir mit deinem Vorhaben ergangen?	Auswertungsgespräch führen

IV. Die sieben Etappen oder: Sieben Teilziele und wie man sie erreicht

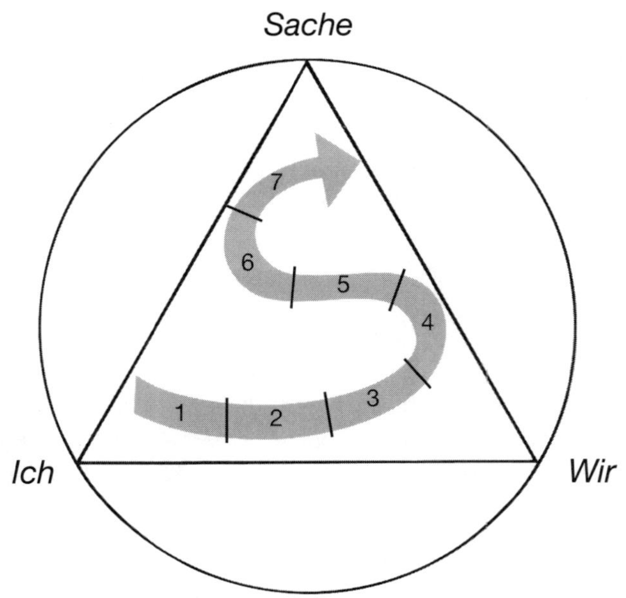

1.Teilziel

Sich selbst wahrnehmen und angemessen darstellen

„Spieglein, Spieglein, an der Wand: Wer ist die Schönste im ganzen Land?"

Solange der Spiegel schweigt, kann sich die Stiefmutter selbstverliebt für die Allerschönste halten. Und sie würde eine entsprechende Aussage für die reinste Wahrheit halten. Sie kann doch ihren eigenen Augen trauen, oder?

Welch Ent-Täuschung, wenn die Bestätigung ausbleibt.

Ja, mit der Wahrnehmung ist das so eine Sache.

Wie wahr ist unsere Wahr-nehmung?

Wir alle frönen der Grundannahme, dass es eine objektive physikalische Welt um uns herum gäbe, die wieder von allen Menschen in derselben Weise wahrgenommen würde. Wir wundern uns allerdings, wenn diese (vermeintlich) idente Wahrnehmung zu völlig unterschiedlichem Tun führt. Wie einfach wäre doch das Leben, wenn die Automatentheorie „Hier Input, da Output" stimmte.

Es ist alles viel komplizierter. Und doch sehr einfach.

Es ist nämlich schlichtweg so, dass jede/r von uns sich seine eigene Landkarte der Welt selber zeichnet. Dabei haben wir ein Familienerbstück, eine ganz spezielle Brille, auf der Nase. Unsere frühen Erfahrungen bestimmen sehr stark, was wir und wie wir die Welt in und rund um uns wahrnehmen.

Sitzen zwei BrillenträgerInnen vor einem zur Hälfte gefüllten Glas, können sie endlos darüber streiten, ob dieses Glas halb leer oder halb voll ist. Ist das Glas mit einer alkoholischen Flüssigkeit gefüllt, wird die Diskussion um einige Dimensionen bereichert: Handelt es sich um etwas Gesundes oder Ungesundes, Natürliches oder Gepantschtes, Kalorienreiches oder Verdauungsförderndes etc. ? Sparefrohs sehen wieder anderes: Da gibt es doppelt soviel Glas wie notwendig; das könnte eingespart werden.

Je mehr Menschen, desto mehr Wahrnehmungen. Und jeder voll und ganz davon überzeugt, im Besitz der Wahrheit zu sein.

Das macht's kompliziert.

Deshalb sind wir stets beflissen, das Geschehen zu vereinfachen. Am besten schon beim Wahrnehmen. Wir wählen schon mal aus der Fülle von Eindrücken, die wir empfangen, aus. Filter sorgen dafür, dass unser Hirn nicht kapitulieren muss. Nur eine kleine Auswahl passiert unsere Bewusstseinsschranke. Das geschieht nicht irgendwie, sondern aufgrund gezielter Auslese im vorbewussten Bereich. Das, was wir schon kennen, hat eine gute Chance durchgelassen zu werden.

Überspitzt haben Lernpsychologen diesen Mechanismus in folgendem Satz formuliert: Wir lernen nur, was wir schon wissen.

Schwangere sehen sich plötzlich umringt von Frauen mit Babys. Wenn Sie ein neues Auto in einer bestimmten Farbe gekauft haben, wundern Sie sich plötzlich, wie viele solcher Autos unterwegs sind. Wenn Sie das griechische Alphabet gelernt haben, entdecken Sie an den unmöglichsten Stellen griechische Buchstaben.

Die Musikberieselung im Supermarkt oder den Autolärm nehmen Sie als Großstädter/in schon gar nicht mehr wahr, weil Sie mit einem bestimmten Geräuschpegel zu leben gelernt haben. Nur die Säuglinge verfügen noch über die bemerkenswerte Leistung, bei Reizüberflutung ganz einfach einzuschlafen.

Aus der Fülle der Reize auszuwählen, schützt uns davor überzuschnappen.

Komischerweise lassen wir nicht nur Informationen weg, wir fügen auch welche hinzu. Beides dient demselben Zweck: Wir schützen uns selbst, machen uns das Leben leichter und angenehmer. So meinen wir jedenfalls.

Wir vervollständigen die bruchstückhaften, selber ausgewählten Informationen zu einem abgerundeten Ganzen. Die zum Puzzle fehlenden Teile ergänzen wir aus dem reichen Fundus früherer Erfahrungen.

Eine Schülerin, die wir als intelligent eingestuft und höflich grüßend erlebt haben, schätzen wir automatisch auch als sozial und ehrlich ein. Dem Schüler, der uns am Schultor angerempelt hat, ohne sich danach zu entschuldigen, und auch sonst keine Kirchenleuchte ist, trauen wir durchaus auch den Diebstahl zu.

Sie pfauchen: „Pfui, das sind ja Vorurteile!"?

Ich gebe Ihnen Recht. Mehr noch, ich behaupte: Vorurteile sichern unser psychisches Überleben trotz der bedrohlichen Informationsflut. Die automatischen Ergänzungen aus unserem Erfahrungsschatz machen uns handlungsfähig.
(Handeln könnte natürlich auch heißen: Ich mache mir meine Vorurteile bewusst, überprüfe durch Zulassen neuer Informationen, erweitere meinen Handlungsspielraum …)

Die 3 B

Legen Sie das Buch kurz zur Seite und probieren Sie folgende Wahrnehmungsübung: Nehmen Sie einfach eine Minute lang wahr …

Was haben Sie wahrgenommen?

Geräusche aus dem Nebenraum? Ihre ungeputzten Schuhe? Das Bild an der gegenüberliegenden Wand? Ihr Magenknurren? Die verspannten Gesäßmuskeln? Ein angenehmes Ruhegefühl? Oder haben Sie Ihre innere Stimme gehört: Wozu soll denn diese Übung gut sein? Schade um die Zeit. Wie mein Zimmer ausschaut, weiß ich schon!

Wundern Sie sich jetzt, was Sie alles wahrnehmen hätten können?
Wahrscheinlich haben Sie nur einen Ausschnitt all dieser Möglichkeiten beleuchtet. Von der Selektivität unserer Wahrnehmung war schon im vorigen Kapitel die Rede. Jetzt möchte ich zeigen, dass jede Wahrnehmung eine Mischung aus drei Bereichen ist:

- das Wahrnehmen der äußeren Welt = die Beobachtung
- das Wahrnehmen der inneren Welt = die Befindlichkeit
- das Wahrnehmen des inneren Sprechens, des Kommentars = die Bewertung

Diese drei beeinflussen einander wechselseitig:

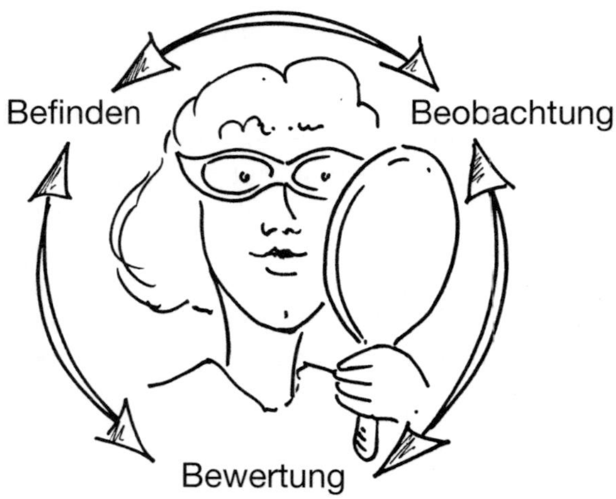

Bei einer genaueren Selbstprüfung stellen Sie fest: Jede/r von uns hat sein/ihr besonderes Steckenpferd.

Das wurde durch frühe wiederholte Erfahrungen aufgezäumt. Ein Kind, dem permanent naturwissenschaftlich-pragmatische Herangehensweisen nahe gelegt werden, spürt bald die eigenen Gefühle nicht mehr. Ein anderer junger Mensch, der ständig mit moralischen oder wissenschaftlichen Maßstäben beurteilt wurde, bewertet künftig oft.

Welches Steckenpferd wir reiten, worauf unsere Aufmerksamkeit gerichtet ist, merken wir bei Verhaltensbeschreibungen. Fein säuberlich getrennt würde die Beschreibung eines Verhaltens ungefähr so lauten:
„Ich sehe, wie der Fritz mehrmals pro Stunde zu seinem Nachbarn spricht." (= Beobachtung)
„Mich stört es, wenn ich und der Fritz gleichzeitig reden." (= Befindlichkeit)
„Ich finde, der Fritz ist ein Störenfried (und gehört raus aus der Klasse)." (= Bewertung)

Fragen wir einen x-beliebigen Beobachter, was der Fritz tut, so wird er wahrscheinlich sagen „Er stört den Unterricht" und damit ein schönes Beispiel für ein sprachliches Konglomerat aus allen Wahrnehmungskomponenten liefern.

Für den allerersten Lernschritt ist es wichtig, das Mischmasch trennen zu lernen, jede Wahrnehmungsleistung für sich stärker zu gewichten und mir ihrer Bedeutung bewusst zu werden:

Detektiv/in werden

Wenn ich z. B. bisher sehr rasch meine moralischen oder wissenschaftstheoretischen Schubladen geöffnet und meine Umwelt hineinsortiert habe, dann könnte ich planen, in den nächsten Tagen besonders achtsam zu schauen, zu hören, zu riechen, zu schmecken und zu spüren. Einfach nur so, ganz ohne Zweckorientierung. So als könnte es passieren, dass ich nach einer Woche im Zeugenstand ganz genau und unvoreingenommen meine Beobachtungen darstellen müsste. So als wäre ich Detektiv/in. (Dieses Bild eignet sich als Erklärung für Ihre SchülerInnen.)

Möglicherweise habe ich einen scharfen Blick für die Außenwelt rund um mich, doch mein Körper und mein Innenleben werden ausgeklammert. Wie wär's mit einem häufigeren Innen-Check? Gestatte ich mir den? Wie wichtig sind mir die Botschaften, die meine zusammengepressten Zähne, meine „verknoteten" Darmschlingen, meine geballten Fäuste senden?

Noch schwieriger: Wie könnte ich als detektivisch Forschende/r mein Innenleben anderen gegenüber beschreiben? Habe ich dafür überhaupt Worte?

„Also, meine Darmwindungen gehen niemanden was an und interessieren andere auch herzlich wenig", wenden Sie ein.

„So ein Quatsch!", könnte die Kurzvariante dieser Meinung sein.

Wenn Sie diesen „herzerfrischenden" kurzen Satz (übrigens: eine Bewertung) mir jetzt live gesagt hätten, würde ich mich ganz schön abgewertet und missverstanden fühlen. Ich würde mich verteidigen und den Beweis antreten, dass ich natürlich höchst gescheite Sachen verzapfe …

Würden Sie stattdessen auf Ihr Inneres achten und mir beschreiben: „Also, wenn ich höre, ich sollte über meine Darmwindungen Auskunft geben, dann krieg ich ein mulmiges Gefühl in der Magengrube", kann ich mich besser auf Ihre Bedenken einlassen. Das Gespräch wird einen anderen Verlauf nehmen. (s. Kapitel „Rückmeldungen geben und empfangen – Regeln vereinbaren", S. 37 ff.).

Das Problem ist, dass uns allen die Sprache fehlt, mit deren Hilfe wir unser Fühlen darstellen können (s. Ich-Botschaften, S. 80).
Das Vokabular, das die Etiketten unserer Schubladen ziert, ist hingegen reichlich vorhanden. Es wurde Jahr für Jahr in unserer Ausbildung von verschiedenen ExpertInnen erweitert: Die „overprotective" Mutter, die Double-bind-Botschaften sendet, übt natürlich Widerstand und nimmt ihre Gegenübertragung nicht wahr. Der ist ein Außenseiter, die ist schüchtern, der ist egoistisch und die ist lästig. Jede/r kriegt sein/ihr Etikett. Dann ist die Welt wohlfeil sortiert.

„Ich weiß nicht, ob das richtig ist!?" „Wir müssen schauen, ob das gut für ihn ist."

Etwas ist gut, richtig, schön. Jemand ist Störenfried, Lügner, Neurotiker …

Die Etiketten beschreiben Zustände. Der Beschreibende urteilt. Die Frage bleibt, ob der/die Beschriebene sich nicht völlig anders wahr-nimmt? Wer ist im Besitz der Wahrheit der Wahr-nehmung?

Wir können uns nicht ganz von unseren wertenden Urteilen verabschieden. Denn diese Vorurteile geben uns Orientierung auf unserer inneren Landkarte. Und sie ermöglichen rasches Handeln. Ein allererster Schritt ist es immerhin, anderen diese Vorurteile nicht als unumstößliche Wahrheiten zu verkaufen, und auf keinen Fall sollten wir sie als Wahrnehmungen bezeichnen. (Dann verschweigen wir den anderen wichtige Bestandteile der Wahrnehmung: die Beobachtung und die Befindlichkeit.)

In Worte fassen – mündig werden

Unsere Wortgewandtheit ist nichts Absolutes.

Sie variiert je nach Thema: Während wir an Logorrhö (= Sprechdurchfall) leiden, wenn es um etwas Äußeres (um Termine, das Wetter, die Politik etc.) geht, komme ich zum gegenteiligen Befund, wenn es um das Sprechen über uns selber geht. Ja, über andere könnten uns schon einige spitze Bemerkungen (= Wertungen) einfallen, besonders hinter deren Rücken. Die Gerüchtebörse floriert gerade da, wo das Reden von sich als anstößig oder bedrohlich angesehen wird. Doch wozu und wie von mir selbst sprechen?

„Wer kennt mich denn genauer als ich selber? Wer versteht mich denn wirklich?"

Sobald wir uns zu eigenständigen Wesen entwickeln, unsere ersten Schritte weg von einer hilfreichen Hand gemacht haben und unser erstes entschiedenes Nein in ein liebevoll zugewandtes Gesicht gesagt haben, erleben wir die Einsamkeit unserer Eigenständigkeit auch mit Angst.
„Sei selbstständig, aber sei möglichst so wie ich", ist die umgekehrte angstbesetzte Botschaft der Erziehenden. Daraus entwickelt sich allmählich die Kunst der Erzogenen, ihr wahres Ich nur dosiert preiszugeben.

„Ich könnte anecken." „Meine Meinung oder Person ist doch völlig uninteressant für andere." „Ich krieg ja doch nur wieder eine drauf."
Wir schützen andere und uns vor der Offenbarung unseres Ichs und bleiben unmündig.

Eigentlich

„Ich würde vorschlagen, dass man versucht, …"
„Es könnte auch jemand zusammenfassen …"
„Wenn man das Thema klar definiert, …"
„Eigentlich wollten wir …"

Kennen Sie sich aus? Wissen Sie genau, wer was von wem wie will?

Wir Erwachsene behaupten, die junge Generation sei der Sprache nicht mehr mächtig. Sie sei zu verstümmelten Sprechblaseninhalten verkommen. Ich frage Sie, liebe Leserin, lieber Leser: Ist unsere schnörkelreiche Ausdrucksweise ein Vorbild für Klarheit, für Eindeutigkeit?

Ich nenne diese Verschleierungstaktik „Mantel- oder Stockerlmethode". Mit Hilfe des aufgeblähten Sprech- (oder Schreib-)stils mache ich mein zu klein empfundenes Ego ein Stückchen größer: Das WIR schließt weitere Verbündete, die ganz genauso denken und handeln, mit ein. Das „Man" verleiht auch jederfrau die Stärke der Allgemeinheit. Wie lächerlich mickrig steht das kleine ICH da!? Das geht schlicht und ergreifend im Großen und Ganzen auf. Wünsche hat es sowieso nicht. Bestenfalls den Konjunktiv. Und weil der vielleicht noch eine Spur zu direktiv ist, wird er durch das EIGENTLICH schmeichelweich verpackt.

So, nun hat der Empfänger der Botschaft die hehre Aufgabe zu entdecken, was ich uneigentlich plane, fühle, möchte. Und wehe, er/sie tippt daneben. Wehe, er/sie nimmt mich nicht ernst oder überhaupt nicht wahr. So sehr wollte ich mich auch wieder nicht verstecken!

Die verklausulierten Botschaften hören sich so an, als wollte der/die Sprecher/in sich selbst anderen nicht zumuten. Was Wunder, wenn er/sie missverstanden wird?
Die Trias „sich selbst wahrnehmen – sich selbst annehmen – sich selbst darstellen" ist die allererste Hürde auf dem Weg zur Selbstorganisation in Gruppen. Der Worte mächtig sein, sich ausdrücken können, mündig sein, ist Voraussetzung (und Ergebnis) von Demokratie.

Es gilt, Antworten auf die Fragen an den Spiegel zu finden: Wer bin ich? Wie möchte ich gesehen werden? Wie stelle ich mich dar?

Die wichtigste Antwort beginnt mit: Ich will …

ICH WILL. Das Wort ist mächtig;
spricht's einer ernst und still:
die Sterne reißt's vom Himmel,
das kleine Wort:
ICH WILL. (F. Rückert)

Echte, klare Ich-Botschaften sind Hauptsätze. Sie enthalten meine Botschaft knapp, auf den Punkt gebracht, auf das Wesentliche beschränkt:

Ich will Ruhe
… Rücksichtnahme
… Beachtung
… Unterstützung
… Zeit für mich

Bei dieser Formulierung ist offen, ob die Wünsche erfüllt werden und wer sie erfüllt.
Im Zweifelsfall kann ich das selber sein. Ich kann lernen, Bedürfnisse nicht als Appelle („Ich muss", „Ich sollte") an mich selber zu verpacken, sondern klare Entscheidungen zu formulieren: „Ich will das und das (für mich) … tun!" Solcherart handle ich verantwortlich. Meine Sprache zeigt: Ich bin mündig.

2.Teilziel

Andere be-/achten und anerkennen, anderen (aktiv) zuhören

Zwei Freundinnen treffen einander auf der Straße und beginnen zu plaudern. Gelangweilt steht die zweijährige Tochter der einen vor dem Kinderwagen, in dem das wenige Monate jüngere Kind der anderen sitzt. Die Zweijährige rückt einige Schritte näher. Dann tappt sie ein paar Mal hintereinander mit der Handfläche auf den Kopf des Jüngeren. Der scheint das gar nicht zu registrieren. Er nuckelt friedlich an seinem Schnuller. Die Zweijährige geht einige Male in die

Hocke. Dann zerrt sie am Kinderwagen. Nun wird der darinnen Sitzende neugierig. Er starrt die Kleine an. Diese beginnt sich ein paar Mal um sich selbst zu drehen. Dabei fällt sie um, wird aber gleich von ihrer Mutter wieder auf die Beine gestellt. Der kleine Bub streckt dem Mädchen seinen Schnuller hin. Als das Mädchen danach greift, zieht er wieder dran. Doch die Zweijährige ist kräftiger. Sie zerrt am Schnuller und steckt ihn in ihren Mund. Nun beginnt der Bub zu brüllen. Das lenkt schlagartig die Aufmerksamkeit der beiden Mütter Richtung Kinderwagen. Die Mutter des Mädchens fühlt sich verpflichtet, ihrer Tochter die Leviten zu lesen, weil sie ihr Visavis seines kostbaren Besitzes beraubt hat.

Diese kleine Szene zeigt das parallele Handeln zweier junger Individuen. Die Erwachsenen interpretieren es allerdings als aufeinander bezogen. Dazu sind die beiden aber noch nicht wirklich imstande.

Wir sind soziale Wesen

Vom ersten Tag an sind wir soziale Wesen. Wir werden in eine menschliche Umwelt hineingeboren.
Das bedeutet jedoch nicht, dass wir automatisch sozial handeln. Im Gegenteil: Der erste Lernschritt besteht im Ungehorsam, in der Rebellion gegen eine vorgefundene soziale Einheit. Die erste Leistung ist, ICH und NEIN zu sagen. Wenn ich mich als getrennt von allen anderen begriffen habe, kann ich mein Gegenüber auch wahrnehmen. Den anderen wahrnehmen, ist der erste Schritt der Sozialisation, der Anpassung an eine Gemeinschaft.
Sozialisation setzt eine gelungene Individuation voraus.

Kinder, die sich nie gegen eine Symbiose mit der Bezugsperson wehren gelernt haben, können keine aktiven Anpassungsleistungen erbringen. Dazu gehören einerseits die sozial benachteiligten (= deprivierten) Kinder, die keine Nähe und Geborgenheit erfahren haben, und anderseits jene überbehüteten, gefügigen Kinder, die unter totaler Kontrolle stehen.

LehrerInnen erleben, wie unterschiedlich die Voraussetzungen ihrer SchülerInnen sind. Oft deuten sie das rücksichtslose, fordernde Verhalten als ausschließlichen Mangel an Sozialisationsleistung. Dann fürchten sie, das Falsche zu tun, wenn sie diese Kinder noch in ihrer Ich-Entwicklung unterstützen. Sie meinen, dass eher das Zurechtstutzen des aufgeblasenen Egos dieser auffälligen Kinder oder Jugendlichen angesagt sei.

Daher sei nochmals betont, wie wichtig der erste Lernschritt ist: Nur Menschen, die Nähe als etwas Angenehmes gespürt und Distanz als etwas Sinnvolles erlebt haben, denen ausreichend zugehört wurde, können Nähe geben und sich abgrenzen, können zuhören und die Welt des anderen mit dessen Brille betrachten.

Beziehung erzieht

Es ist leicht, die ganze Welt zu lieben, doch schwierig, den blöden Kerl von nebenan. Dritte-Welt-Projekte und daneben leidet der Gastarbeiterbub. Friedensdemonstrationen und in der Klasse herrscht Krieg.

Je entfernter sie sind, desto eher halten wir Unterschiede aus. Das hungernde Kind in Afrika rührt uns, der drogenabhängige junge Mann in der U-Bahn-Station lässt uns kalt.

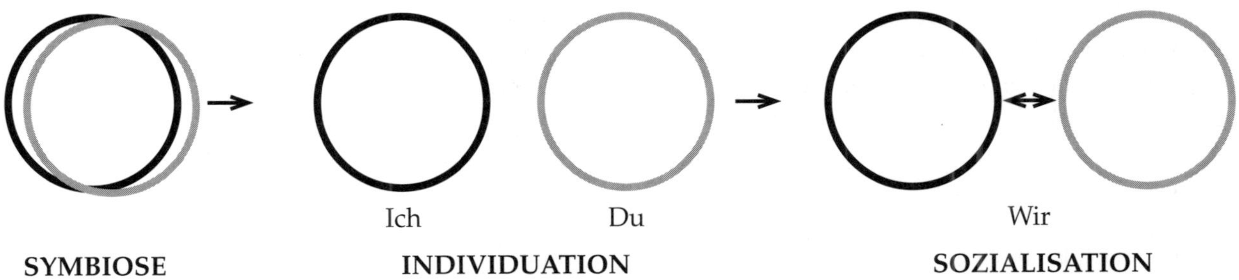

Je eingeschränkter die frühen Erfahrungen, desto ängstlicher begegnen wir allem Unbekannten, Neuen.

Auch da gilt: Wie wir anderen begegnen, hat mit uns selbst zu tun. Wenn wir von uns selbst ein starres und wenig komplexes Bild haben, können wir auch andere nicht differenziert wahrnehmen.

Je mehr wir von unseren frühen ErzieherInnen in Schubladen sortiert wurden, desto geschlossener und vertrauter ist das Selbstbild. Habe ich hingegen gelernt, dass es sinnvoll ist, einmal so und dann wieder genau umgekehrt zu handeln, dann kann ich anderen Menschen besser Einstellungen und Verhaltensweisen zugestehen, die sich von meinen unterscheiden.

Je öfter ich gehört habe „Man muss …", „Es gehört sich nicht, …", desto enger mein Weltbild. Dann bin ich sogar gezwungen, einige Teile von mir selber zu zensurieren, nach dem Motto: Du darfst nicht merken.

Wie aber kann ich dann das, was ich mir selbst „verbiete", anderen zugestehen?

Wenn ich gelernt habe, in Gegenwart Erwachsener meinen Mund zu halten, erlebe ich mit der Zeit gar nicht mehr meine Lust, mich an so genannten Autoritätspersonen zu messen. Und ich werde ein entsprechend diszipliniertes Verhalten bei Kindern einfordern. Wenn sie sich dieser Forderung nicht beugen, erlebe ich ihr Verhalten als mich bedrohend.

Kurz: Mein Erleben und Verhalten anderen Personen gegenüber hängt mit meiner Lerngeschichte zusammen.
Martin Buber sagt dazu: Um mit anderen Menschen, „mit ihm, mit ihr, mit ihnen verbunden und verbündet zu sein; um dies zu werden, muss man freilich zuerst unabhängig geworden sein, …" (Martin Buber, Reden über Erziehung, S. 26)

Beziehung erzieht.

Beziehung entsteht durch Kommunikation. Wer Beziehungen bewusst gestalten will, muss über Kommunikation Bescheid wissen. Wer lernen will, sich situationsangemessen auszudrücken, nimmt sich eine Bergbesteigung vor:

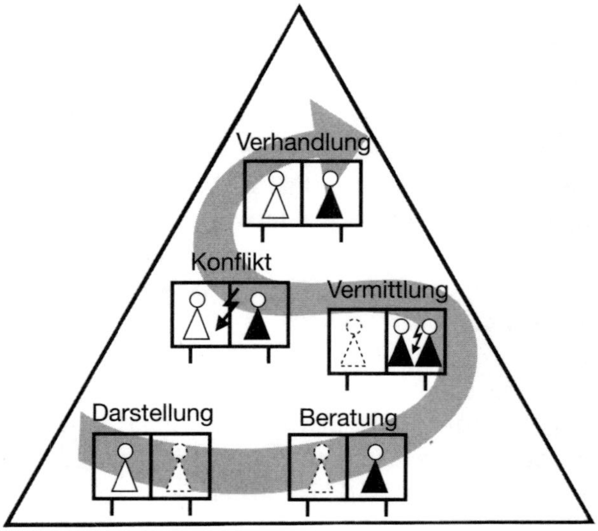

Es ist wichtig, auf diesem Weg sämtlichen Straßensperren auszuweichen.

Straßensperren sind verunglückte Wünsche

Th. Gordon, Experte für Kommunikation (s. Literaturliste), nennt zwölf Arten der nicht-förderlichen Kommunikation, zwölf „Straßensperren":

1. befehlen, anordnen, auffordern
2. warnen, mahnen, drohen
3. moralisieren, beschwören
4. Ratschläge erteilen, Lösungen vorschlagen
5. Vorträge halten, logische Argumente bringen
6. urteilen, kritisieren, Vorwürfe machen
7. schmeicheln, von oben herab loben
8. beschimpfen, lächerlich machen, beschämen
9. interpretieren, analysieren, diagnostizieren
10. beschwichtigen, beruhigen
11. forschen, fragen, verhören
12. ablenken, ausweichen, aufziehen

Unsere Kommunikationspfade sind damit gepflastert. Wir selbst errichten sie. Die anderen tun das ebenso.

Straßensperren versperren den Weg zueinander, sie blockieren Kontakt, Kooperation und Konfliktlösung.

Daher sollten wir sie meiden, wann immer wir das schaffen. Denn sie wirken wie bevormundende Übergriffe. So, als ob eine fremde Macht eine Kolonie auf dem Empfänger dieser Du-Botschaften errichten wollte: Straßensperren verwenden ist Kolonialisierung.
Überprüfen Sie das bei folgenden Sätzen. Hören Sie genau hin, so als wären Sie Martin, der Ehemann oder der/die Schüler/in:

Übung:
1. Mutter sagt zu Kind:
   „Martin, würdest du bitte aufhören. Hör sofort auf! Wie oft soll ich dir noch sagen, dass du das nicht sollst!"
2. Ehefrau zu ihrem Mann: „Du hast mir schon so lang keine Blumen geschenkt!"
3. Lehrer zu SchülerIn: „Meier, wenn du nicht aufpasst, wird das ein tragisches Ende nehmen. Du musst endlich lernen, …"

Auswertungsfrage 1: Wie fühlt sich der/die Angesprochene? Was wird in dieser Person ausgelöst?

Die Absicht ist natürlich nie böse. Die Kolonialisierung ist nicht beabsichtigt. Die SenderInnen haben Wünsche, die sie äußern.

Die Straßensperren sind also verunglückte Wünsche.

Haben wir nicht beim ersten Wegabschnitt gelernt, Wünsche direkt in Form von Ich-Botschaften zu formulieren?
Untersuchen wir also die oben gesagten Sätze mit Hilfe der Auswertungsfrage 2: Was will der/die Sender/in?
(Stopp: Nicht vom anderen, sondern für sich selber? Was ist der erwünschte ganz persönliche Gewinn? Den gilt es herauszufiltern und in eine Ich-Botschaft einzukleiden.)

Vielleicht beschließen die SprecherInnen: Gut, wenn das Reden auf einmal so kompliziert wird, mach ich's ganz anders:

1. Die Mutter gibt Martin eine Ohrfeige.
2. Die Ehefrau spricht tagelang nichts mit ihrem Mann.
3. Der Lehrer schüttelt bedenklich den Kopf, zieht die Augenbrauen hoch, schließt die Augen und presst ein „Ts ts tsss …" durch die Lippen.

Jetzt kann nichts passieren. Das ist doch keine Straßensperre. Oder doch?

Wir kommunizieren immer

Sobald ein Mensch einen Raum betritt, in dem sich schon jemand befindet, gibt es eine Beziehung zwischen ihnen beiden. Es findet Kommunikation statt. Auch ohne Worte.

Wo und wie wir uns hinsetzen oder -stellen, ob wir den Blick senken oder den anderen intensiv anstarren, ob wir beim Sprechen lächeln und gestikulieren, flüstern oder kreischen, wie wir uns kleiden und frisieren: Das alles sind Botschaften, die ankommen.

Wir haben nicht nur Worte zur Verfügung, um zu kommunizieren.

Und das, was wir zusätzlich und nebenher zu den Worten ausdrücken, wirkt viermal so stark wie der Inhalt unserer Worte: „Der Ton macht die Musik", heißt es im Volksmund.

Das Wandergebiet, durch das die gelb-rot-orange Markierung führt, ist viermal so groß wie das blau markierte.

Wie nahe wir einer anderen Person rücken, ob wir dann dezent zu Boden schauen, sobald wir die persönliche Zone erreicht haben (d. i. in ca. 1,20 Meter Entfernung) oder ob wir den anderen forsch mit unserem Blick fixieren; ob wir uns leise oder laut, gebückt oder aufrecht, mit zittriger Hand oder Stimme oder brüllend und fuchtelnd ausdrücken: Wir teilen uns mit unserem gesamten Körper mit. Diese Sprache, die Körpersprache (worunter ich Mimik, Gestik, Stimmführung, Blick und Körperhaltung, körperliche Nähe etc. verstehe) wirkt viermal so stark auf andere wie der Inhalt unserer Worte. (Das haben Werbepsychologen mit komplizierten Untersuchungen belegt.)

Das Kind, der Ehemann und der/die Schüler/in im obigen Beispiel empfangen also einige Botschaften. In jedem Fall fühlen sie sich als EmpfängerInnen nicht sehr wohl, denn im Grunde haben sie wahrscheinlich alle gehört (und gesehen): Sei anders, ändere dich.

Wer will das schon über sich hören?

Daher könnten die Antworten der EmpfängerInnen in unserer Übung sein:

1. Kind zu Mutter:
   „Aber die Susi sekkiert mich immer ..."
2. Mann zu Ehefrau: „Hast eh so viele Rosen im Garten!"
3. Schüler/in zu Lehrer: „Wie können Sie das behaupten? So wie Sie das erklären, kennt sich kein Schwein aus der Klasse aus. Aber die anderen sind zu feig, Ihnen das zu sagen ..."

Wie geht's denn jetzt den ehemaligen SenderInnen, die zu EmpfängerInnen ebendieser Botschaften wurden? Da staut sich sicher einiges an unguten Gefühlen auf. Auf jeden Fall der Eindruck, nicht verstanden worden zu sein.

Kommunikation ist kreisförmig

Damit sind sämtliche Schleusen für eine Spirale an weiteren Veränderungswünschen und gegenseitigen Abwertungen eröffnet. Das kommt Ihnen bekannt vor? Natürlich. Denn:

Nicht-Verstehen ist der Normalzustand. Verstehen ist sehr unwahrscheinlich. Schließlich findet ja stets Kommunikation statt. Wir senden und empfangen immer.

Kommunikation ist kreisförmig.

Ich bewirke und werde beeinflusst. Um uns vor diesem ständigen Informationsfluss ein wenig zu schützen, versuchen wir, wenigstens etwas Ordnung ins Geschehen zu bringen. Wir machen jede/r eine Abfolge von „zuerst" und „dann" daraus. Im Streitfall war natürlich immer zuerst der/die andere böse und ich habe dann darauf reagieren müssen. Doch mein Gegenüber meint dasselbe: Ich hab' ja nur reagiert.

Zuerst ist von der vorne ausgedrückten Zahnpastatube die Rede, dann kommt die am Boden liegende Schmutzwäsche und schließlich die verwöhnende Erziehung der Schwiegermutter ins Spiel. Ein Wort gibt das andere. Kommt Ihnen das bekannt vor?

Ein berühmter Philosoph hat einmal gesagt: „Wir wissen erst, was wir gesagt haben, wenn wir die Antwort gehört haben." (N. Wiener)

Allerdings nehmen wir uns zum Hören nicht wirklich Zeit. Wir hören den anklagenden Ton, sehen ins gerötete Gesicht und schmieden schon an der eigenen Waffe, mit der wir zum Gegenangriff übergehen können. Besonders eskalierend wirkt es, wenn einer der Kontrahenten Fragen stellt, die mit „warum" anfangen.

„Warum begreifst du das nicht? Kannst du mir das sagen?"
„Warum tust du nicht endlich, was ich dir sage? Dann hätten wir das jetzt nicht nötig."
„Warum tu ich mir das immer wieder an? Du änderst dich ja doch nie!"

Aus diesem Teufelskreis gegenseitiger Kolonialisierungen kommen die GesprächspartnerInnen nur heraus, sobald sie beschließen, gemeinsam stehen zu bleiben. An diesem Standort könnte dann jede/r seine/ihre Gefühle und Wünsche äußern. Statt nach dem WARUM zu forschen, hilft es mehr zu entdecken, WIE es uns geht und WAS wir wollen. Einer gemeinsamen Vereinbarung, was in Zukunft anders laufen wird, steht dann fast nichts mehr im Weg.

Höchstens die Tatsache, dass wir verkümmerte Ohren haben.

Mit vier Ohren hören

„Für ein Gespräch sind die Ohren wichtiger als die Zunge", sagt der Schriftsteller Th. Wilder.

Wir brauchen mindestens vier davon.

Denn die Kommunikationsforscher haben entdeckt, dass jede Kommunikation eine Summe von Botschaften enthält. Mindestens vier lassen sich unterscheiden:

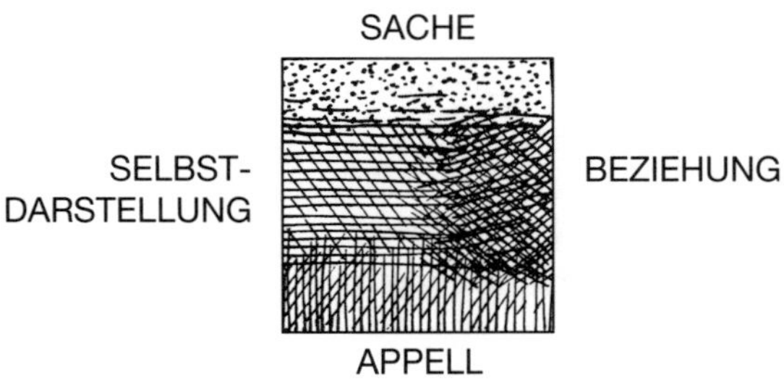

Schauen wir uns das am Beispiel 2 aus der obigen Übung an:

Ehefrau zu ihrem Mann: „Du hast mir schon so lang keine Blumen geschenkt."

Der Satz könnte die gefühlsneutrale Information über die Tatsache sein, dass er ihr schon lange keine Blumen geschenkt hat, Punkt (SACHE). Die angemessene Reaktion des Ehemannes darauf wäre: „Danke für die Information." Er hat mit dem SACHOHR gehört.
Der Satz könnte eine Information darüber sein, wie die Ehefrau ihren Mann und ihre Beziehung zueinander erlebt (BEZIEHUNG). Er antwortet darauf: „Ich hab deine ewige Nörgelei satt. Glaubst du, dass es mir jetzt Spaß macht, welche zu organisieren?" Er hat mit dem BEZIEHUNGSOHR gehört.

Der Satz könnte die Äußerung eines Wunsches sein in der sicheren Erwartung, dass er ihn erfüllt (APPELL). Er antwortet: „Wozu? Du hast doch so viele im Garten! Außerdem verwelken sie eh so schnell!" Er hat mit dem APPELLOHR gehört.

Der Satz könnte ein Hinweis darauf sein, wie es der Ehefrau im Augenblick gerade geht. Es könnte eine Aussage darüber sein, was ihr momentan sehr wichtig ist (SELBSTDARSTELLUNG). Er reagiert: „Du fühlst dich anscheinend etwas vernachlässigt. Du möchtest wieder mehr Lebendigkeit in unserer Beziehung spüren." Er hat mit dem SELBSTDARSTELLUNGS-OHR gehört.

Wir brauchen also mindestens vier Ohren.

Im Zweifelsfall gehen wir nie fehl, wenn wir das gelbe Ohr, das SELBSTDARSTELLUNGSOHR, aufsperren.

Leider ist es dasjenige, das wahrscheinlich nie gefördert wurde. Meist ist irgendein anderes im Laufe unserer frühen Lerngeschichte überdimensional groß gepflegt worden:

In einer gefühlsarmen Welt, wo Materielles wichtig war, wächst das SACHOHR. Menschen, die in Helferberufen gelandet sind, haben meist ein riesiges APPELLOHR. In Familien, die Festungen gleichen, wo jeder jeden attackiert, entwickelt sich das BEZIEHUNGSOHR.

Wenn ich andere Menschen in ihrer Besonderheit erfassen will, ihr So-Sein begreifen will, dann heißt das: das SELBSTDARSTELLUNGSOHR einsetzen und aktiv zuhören.

Aktiv zuhören

Kaum jemand hat gelernt, sich selbst wirklich mündig zu vertreten. Kaum jemand verwendet Ich-Botschaften. (Stattdessen sind Straßensperren die Regel.)

Förderliche Kommunikation besteht darin, das, was ein/e andere/r gesagt hat, mit dem Selbstdarstellungsohr zu hören. Und aufs Schauen nicht vergessen. Denn wir wissen ja: Wichtige Information wird ohne Worte vermittelt. Die Essenz aus Gehörtem und Gesehenem wird dann übersetzt und ausgesprochen.

Wie geht das?

Die Essenz der Kommunikation ist immer ein Gefühl und ein Wunsch. In Wahrheit geht es uns immer darum, das Bild, das wir von uns selber haben, zu verbessern oder wenigstens zu erhalten.

Wehe dem, der es ankratzt, der uns kleiner machen will, indem er auf uns eine Kolonie errichten will. Gegen den setzen wir uns zur Wehr.

Wohl dem, der unser Bild sieht und in seiner vollen Größe und Schönheit als wichtigen Beitrag wahrnimmt (s. „Erste Hilfe", S. 25, und „Die Kehrseite der Medaille", S. 93).

Aktiv zuhören heißt: die Welt mit der Landkarte des anderen anschauen und seine Sicht aussprechen. Es geht also nicht ums stumme Verstehen, und schon handeln (reden) wir wieder. Es geht darum, das Erahnte auszusprechen:

„Franz, dir fällt es momentan schwer, aufzupassen." (Gefühl)

Das könnte der Lehrer aus Beispiel 2 zum Schüler Meier sagen.

Der wird wahrscheinlich kurz innehalten und erstaunt sein (Was ist heute mit unserem Lehrer los? Keine Straßensperre parat?). Dann wird er einen Sekundenbruchteil lang leicht nicken. Diese Bewegung ist nicht bewusst gesteuert. Sie passiert uns (außer, wir sind im Nacken total versteift), wenn wir uns verstanden fühlen, wenn wir unser Gegenüber als Gesprächspartner akzeptieren.

Das Nicken ist immer die Belohnung für richtiges Aktives Zuhören.

Natürlich kann es passieren, dass ich die Landkarte verkehrt gehalten habe – schließlich ist es nicht meine. Ich kann nur „raten", wie es ihm geht. Wenn ich danebengetippt habe, wird er mich korrigieren oder ergänzen: „Nein, ich pass ohnehin auf, aber ich kenn mich einfach nicht aus."

Aktives Zuhören ist der Türöffner für wichtige Gespräche. Deswegen ist diese Fähigkeit für die Beratung besonders wichtig.

Ich weiß: Sie haben Stoff durchzunehmen und bei 30 SchülerInnen können Sie sich individuelle Beratungsgespräche nicht leisten.

Sie haben ja Ihre Ich-Botschaft schon gelernt. Es ist erforderlich, klar zu machen, was ansteht: „Ich sehe, dass du ein Problem hast. Wir können in der Pause darüber reden. Jetzt will ich weitermachen mit dem Stoff." Diese paar Sätze kosten meist weniger Zeit als die Mahnungen in Richtung Franz und die Drohungen in Richtung Klasse, die den Disput als Einladung zur Unterhaltung missverstanden hätten. Vor allem kosten sie weniger Energie. Vorausgesetzt, Sie haben das Aktive Zuhören geübt und es geht Ihnen locker und selbstverständlich in Ihrer Sprache über die Lippen.

Als Technik ist es wirkungslos. Die innere Haltung ist wichtig: Zwei gleich große Ichs dürfen nun mit unterschiedlichen Bedürfnissen nebeneinander stehen.

Und genau darum geht es: Den anderen beachten, achten, erkennen und anerkennen, ihm/ihr aktiv zuhören.

Zusammenfassung zur Kommunikation

Zur Erinnerung die wichtigsten Sätze über Kommunikation – der Kommunikationsforscher Watzlawik nennt sie Axiome der Kommunikation:

- Wir kommunizieren immer.
- Wir kommunizieren mit Worten und mit unserem Körper. Die Körpersprache wirkt viermal so stark wie die Inhalte des Gesagten.
- Kommunikation ist immer kreisförmig.
- Kommunikation enthält eine Summe von Botschaften: Sie sind auf der Sachebene und der psycho-sozialen Ebene angesiedelt. Der psycho-soziale Aspekt ist bedeutsamer als der Inhalt.
- Kommunikation drückt Un-/Gleichwertigkeit zwischen Sender/in und Empfänger/in aus.

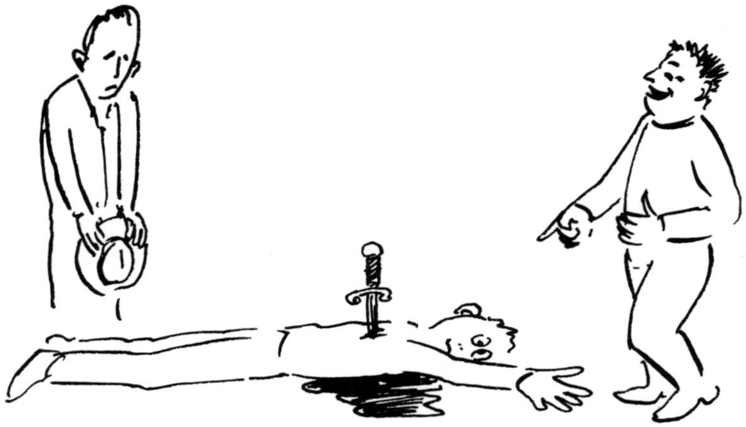

3. Teilziel

Rückmeldungen geben und empfangen Regeln vereinbaren

„Ich sag, das kannst du nicht machen, sag ich. Und was sagt sie? Das ist ihr egal, sagt sie. Und dann hat sie gesagt, dass sie ausziehen will. Sag ich zu ihr, ziehst eben aus, wenn du dir das leisten kannst, sag ich ..."

Laut schallt die empörte Stimme durch den Waggon. Auch bei bestem Willen lässt sich das Mithören nicht vermeiden. Der Wortschwall ergießt sich nicht nur über das Gegenüber der aufgeregten Frau. Die scheint gar nicht zu merken, wie sie monologisiert und damit die Fahrgäste belästigt, die an diesem Morgen noch sehr verschlafen zur Arbeit unterwegs sind. Sie merkt auch nicht, wie wortkarg die ihr gegenüber sitzende Frau reagiert. Da reicht schon ein bestätigendes Nicken oder ein gemurmeltes „Hmhmm" und die nächste Runde für den Bericht über eine pubertierende Tochter ist eröffnet.

Genauso gut könnte sie zur Wand reden.

Oh nein! Da gibt es feine, aber wichtige Unterschiede: Da laufen blitzschnell kaum wahrnehmbare Botschaften hin und her. Die Sprecherin schaut wie wir alle beim Reden zumeist ins Leere (so können wir uns besser konzentrieren), doch beim Atemholen fliegt ein prüfender Blick rasch zur Angesprochenen, und da das bestätigende Nicken oder „Hmm" registriert wurde, kann's gleich weitergehen.

Wenn Blicke töten könnten

Wir steuern den Ablauf des Gesprächs mit unserem gesamten Körper. Und wir entziffern ständig die Botschaften, die uns die anderen Körper senden. Gegenseitige Beeinflussungen finden auch ohne Worte statt. Wir bestätigen oder hemmen andere (in ihrem Redefluss) und uns passiert es genauso.
Wir teilen Botschaften mit durch unsere Stimmführung, mit Blicken und Gesten, durch die Wahl des Abstands zum Körper der anderen, durch unsere Körperhaltung usw.

Können Sie erraten, um welche Situation es sich bei den folgenden vier Beispielen jeweils handelt?

1. Fünf Menschen stehen dicht gedrängt beeinander, alle blicken die meiste Zeit zu Boden und schweigen.

2. Viele Menschen sitzen in einem Raum. Ein Mann blickt eine Frau, die vier Meter entfernt sitzt, lange an und lächelt dabei.

3. Ein Mann sitzt auf einem Tisch, kaum einen halben Meter von dem auf dem Sessel unter ihm Sitzenden entfernt und schaut ihn lange an.

4. Zwei Menschen sitzen einander schräg gegenüber und ähneln einander in ihrer Körperhaltung, als würde jemand anderer sie ständig aufeinander abstimmen.

Ordnen Sie nun folgende Möglichkeiten richtig zu:
a) Verhör bei der Polizei
b) Flirt in einem Lokal
c) Liftfahrt
d) Beratung

(Auflösung: 1 c, 2 b, 3 a, 4 d)

Ein langer, unablässiger Blick eines Fremden, der erhaben über mir und noch dazu innerhalb meines persönlichen Intimraums (das ist ein gedachter Kreis von ca. 60 Zentimeter Radius rund um mich) sitzt, wirkt aggressiv und bedrohlich. Begibt sich derselbe Fremde in den öffentlichen Raum (mehr als drei Meter Entfernung von mir) und lächelt er auch noch dabei, dann erlebe ich diesen Blick als einladend. Was natürlich nicht heißt, dass ich diese Einladung auch annehmen muss.

Blickdauer und körperliche Nähe sind elementare Botschaften. Sie waren allererste Mitteilungen an uns als Säugling. Damit bekamen wir durch stets wiederkehrende Informationen die ersten Lernchancen. Wenn diese wichtigen Informationen nur sporadisch und verwirrend unterschiedlich von ständig wechselnden Personen kamen, müssen wir mühsam nachlernen, die Körperbotschaften anderer Menschen zu deuten.

Manche erfuhren leidvoll die Bedrohung durch aggressives Eindringen in den Intimraum in Form von Misshandlung oder Missbrauch.

Eine Untersuchung in amerikanischen Gefängnissen ergab: Gewalttätig gewordene Häftlinge fühlen sich bedroht, wenn ihnen jemand näher als 2,40 Meter kommt. Die Grenzen ihres persönlichen Raums sind doppelt so weit entfernt wie bei anderen Gefangenen! Normalerweise genügt uns eine Distanz von zweimal unserer Armlänge (ca. 1,20 Meter). Distanzlosigkeit und Berührungsangst sind gleichermaßen deutliche Botschaften dafür, dass die Betroffenen in frühester Kindheit wenige oder schlechte Erfahrungen mit körperlichen Signalen gemacht haben. Diese Erfahrungen prägen nachhaltig das Deuten sprachfreier Botschaften. Ein Umlernen erfolgt nur durch ebenso starke und dauerhafte gegenteilige Erfahrungen.

Je nachdem, wie andere mir begegneten, entschlüssele ich neue Botschaften. Und daraus resultiert auch meine Freiheit, mein Selbstbild zu inszenieren, auf andere den von mir gewünschten Eindruck zu machen.

Wie inszeniere ich mich am besten?

Wenn ich einen ganz besonders guten Eindruck machen will, geht bestimmt alles schief. Ich werde beim Eingießen mit zittriger Hand daneben schütten, das Ei wird mir vom Brötchen rutschen und ich werde mich verschlucken. Überdies vergesse ich bestimmt den wichtigen Namen, den ich doch wie zufällig ins Gespräch einfließen lassen wollte.

Je größer das Bedürfnis, gut zu wirken und anerkannt zu werden, desto eher wird genau dieses Ziel verfehlt: Stark kontrollierte Personen verlieren jeglichen Verhaltensspielraum, wenig selbstkontrollierte Personen überschreiten sämtliche Grenzen der anderen.

Der Eindruck, der bei den anderen hängen bleibt: So ein verkrampftes Wesen. Oder: Wie kann man sich nur so benehmen!?

Geringes Selbstvertrauen engt den Blick ein. Dann sehe ich nicht das Naserümpfen oder den entsetzten Blick des anderen. Der oder die muss dann schon zu massiveren Mitteln greifen, um mir Rückmeldungen zu geben, wie ich auf ihn bzw. sie wirke.

Die Unterrichtspraktikantin setzt ihren einschläfernden Monolog über die alten Griechen fort. Die viel sagenden Blicke und das resignierte Achselzucken der Schülerinnen und Schüler entgehen ihrer Aufmerksamkeit. Denn die ist ganz auf das Hersagen des Inhalts gerichtet. Den will sie richtig rüberbringen. Nur ja keine Blößen geben! Als einige lautstark zu tratschen beginnen, ist sie empört. Man wird doch von Fünfzehnjährigen noch erwarten können, dass die sich 45 Minuten lang auf eine Sache konzentrieren!?

Die junge Kollegin kann oder will das Verhalten der Klasse nicht als Rückmeldung über ihren Unterricht interpretieren. Das würde sie allzu sehr verunsichern. Daher ist im Zweifelsfall der Überbringer der schlechten Nachricht der Schuldige.

Menschen, die ständig verzweifelt um Anerkennung ringen, Personen, die glauben, immer auf der Hut vor anderen sein zu müssen, sind in ihrer Wahrnehmungsfähigkeit stark eingeschränkt. Sie schützen sich selbst, indem sie erst gar nicht die vielen subtilen Botschaften aufnehmen. Das, was sie empfangen, lehnen sie oft als bedrohlich ab und sinnen nach Rache.

Es fehlt ihnen die Freiheit, das Verhalten anderer als eine wichtige doppelte Informationsquelle zu erkennen: Erstens als Information über sich und den Eindruck, den sie durch ihr Verhalten machen. Zweitens als Information des Senders über sich selbst (siehe die vier Botschaften einer Nachricht im Abschnitt „Mit vier Ohren hören", S. 35).

Menschen, die das Verhalten anderer auch als Feedback rasch entschlüsseln können, sind erfolgreicher in der Kunst, einen guten Eindruck zu machen. Psychologen nennen diese Kunst die Eindruckssteuerung. Eindruckssteuerung wird immer angewandt. Je kompetenter, desto leichter fällt es, lohnende soziale Beziehungen aufzubauen.

Selbstvertrauen und die aufmerksame Beobachtung sind wichtige Bedingungen.

Die vier Quellen der Macht

Was ist typisch für Menschen, die Massenbewegungen auslösen oder zumindest Gruppen beeinflussen?

Die Frage nach den so genannten Führungseigenschaften faszinierte viele Forscher. Doch die Antworten befriedigten nicht wirklich. Erstens wurden die Tabellen mit aufgezählten Eigenschaften immer länger und zweitens: Was nutzte dieses Wissen für die Praxis? Wie könnte man diesen eindrucksvollen Humor erwerben oder ist der tatsächlich angeboren?

Heute besteht weitgehende Einigkeit: Macht über andere stützt sich auf vier Quellen:

1. Jemand hat per Funktion oder Gesetz Macht über andere
2. Jemand verfügt über Mittel der Belohnung und Bestrafung
3. Jemand ist Experte für etwas
4. Jemand ist beliebt

Je mehr Machtquellen vorhanden sind, desto stärker die Macht.

LehrerInnen haben von Berufs wegen schon Macht über ihre SchülerInnen. Die Möglichkeit, durch Beurteilungen Berechtigungen zu erteilen oder zu verweigern, gibt ihnen zusätzliche Machtmittel in die Hand. Wenn sie Experte/in im Fachwissen sind und auch noch beliebt sind, können sie nicht so tun, als wären sie genau gleich wie jede/r Schüler/in, einfach Kumpel oder Kollegin.

Wie man die ersten drei Machtmittel erwirbt, ist einleuchtend. Doch wie bringt man die vierte Machtquelle zum Sprudeln?

Beliebtheit hat ein wenig mit Selbstkompetenz und viel mit Sozialkompetenz zu tun. Oder einfacher: Ich mag den, der sich und mich mag. Ein gut inszeniertes Selbstbild, das angepasst an die AdressatInnen geboten wird, überzeugt. Damit ist nicht Trug und Manipulation gemeint, sondern die schon erwähnte Kunst der Eindruckssteuerung. Manche reden lieber von Wohlverhalten oder Manieren. Wir könnten auch vom koordinierten Zusammenspiel von Senden und Empfangen von Nachrichten, also von einer effektiven Interaktion sprechen.

Menschen, die uns sympathisch sind, oder Situationen, die wir als angenehm erleben, sind durch ein hohes Maß an nonverbaler Synchronisation gekennzeichnet. Wenn ich mich vom Zuhörer wirklich verstanden fühle, dann geht das bis zum Gleichklang unserer Herzen – wörtlich und ganz körperlich gemeint.

Sobald wir mit anderen Menschen zu tun haben, geben und empfangen wir ständig Rückmeldungen.

Dabei gibt es natürlich auch jede Menge Missverständnisse. Vor allem, wenn wir unsere Deutungen nicht überprüfen. Denn die sind immer eine subjektive Auswahl, subjektiv mit Vorerfahrungen ergänzt, subjektiv empfunden und interpretiert („Die 3 B der Wahrnehmung“, s. S. 27 f.).

Feedback bekommt nur der, der danach fragt

Viele LehrerInnen klagen darüber, dass es so wenig Anerkennung in ihrem Beruf gäbe. Erst Jahre später, wenn man ehemalige SchülerInnen trifft, höre man, was sie positiv am Unterricht gefunden hätten.
LehrerInnen wissen aus der Lernpsychologie, dass

rasche Rückmeldungen doppelt wirken. Ein Tadel, der erst Tage nach der „bösen Tat“ erfolgt, verpufft ziemlich wirkungslos. Und Lob, Jahre später geäußert, kann nur wirklich ausgehungerte Personen nähren.

In der Schule wird ständig beurteilt. Doch ziemlich einseitig: LehrerInnen beurteilen SchülerInnen. Alle anderen Beurteilungen finden heimlich statt. Oder doch nicht so heimlich? Dass die Lehrerin A häufig mit einer Alkoholfahne den morgendlichen Unterricht beginnt, weiß der halbe Ort. Davon, dass der Lehrer B nicht nur äußerlich seine 68er Gesinnung zu erkennen gibt, sondern auch ziemliche Autoritätsprobleme hat, können viele Klassen inklusive Eltern und Direktor ein Lied singen. Über das tolle Engagement der Lehrerin X äußern sich die Mütter wohlwollend beim Kindergeburtstag. Nur, da ist die Lehrerin X leider nicht dabei.

Alle spielen gemeinsam das Spiel „Ach wie gut, dass niemand weiß …“.

Warum eigentlich?

„Der Y hat sich heut wieder einmal blöd aufgeführt“, posaunt die Lehrerin aus, sobald sie ins Lehrerzimmer stürmt. Ein anderer macht sich mit den Worten Luft: „Die 3a ist heute wieder zum Wegschmeißen. Die Hälfte gehört überhaupt ins Irrenhaus.“
Das bedeutet allerdings nicht, dass der Schüler Y oder die Klasse 3a nicht zu hören bekommen hat, was Lehrerin A oder Lehrer B von ihnen hält. Schließlich verfügen LehrerInnen meist über ausreichende verbale Fähigkeiten, um Straßensperren unmissverständlich zu errichten.

Ist es das Wissen ums Modell-Lernen, das Lernen durch Nachahmung von Beispielen, das LehrerInnen daran hindert, Rückmeldungen bekommen zu wollen? Fürchten sie, dass sie dieselben „netten“ Du- bzw. Sie-Botschaften über sich zu hören bekommen würden? Erwarten sie gar kein Lob, kein anerkennendes Wort?

Die heimliche Übereinkunft lautet: In der Schule herrscht Mangelanalyse und Bedarfsfeststellung.

Es wird immer darüber geredet, was noch nicht (perfekt) ist, was anders werden muss, was (noch) fehlt etc.

Ja kein Wort über Erreichtes, über (noch so kleine) Erfolge, über (scheinbar) selbstverständliches „Wohlverhalten“. Da ergießt sich eine Standpauke über die Pünktlichen, wenn wieder einmal einige nicht um acht Uhr da sind. Nicht erbrachte Leistungen, nicht mitgebrachte Gegenstände sind minutenlang Thema eines Lehrermonologs.

Wie können dieselben LehrerInnen anerkennende Worte erwarten, falls sie ihre SchülerInnen um Rückmeldungen bitten? Eben!

Wie und welche Rückmeldungen gegeben werden, das sind unausgesprochene Regeln des gemeinsamen Umgangs.

Rückmeldungen, die verletzend formuliert werden, einfach zu untersagen oder ebenso verletzend zu kommentieren, gibt Information über den Umgang mit Rückmeldungen. Ein Lehrer, der brüllt: „In diesem Ton hast du nicht mit mir zu reden, du Idiot“, gibt ein eindrückliches Beispiel für die nächsten Straßensperren.

Viele Kinder haben großen Nachholbedarf, um ihre blinden Flecken zu entfernen. (Der blinde Fleck bedeutet: Die anderen bemerken etwas an mir, das ich nicht merke.) Auch die blinden Flecken auf ihrer

„weißen Weste". Die meisten ErzieherInnen gehen nämlich höchst sparsam um mit Lob und Bestätigung. Oder sie versprühen davon allzu viel wahllos (weil sie meinen, das sei wichtig), sodass es erst recht keine persönlich-individuelle Botschaft ist.

Kritisch, authentisch und gleichzeitig einfühlsam Rückmeldungen zu geben will gelernt sein.

Wie sag ich's meinem Feind

„Du gehst mir ordentlich auf die Nerven!" „Was glaubst du, wohin du mir gehst?"
Wie giftige Pfeile fliegen scharfe Blicke und Worte hin und her. Jede/r hofft, der andere ändere sich auf der Stelle. Schließlich hat er deutlich gesagt, was er von seinem Gegenüber hält.

Wir alle glauben an die magische Kraft unserer Wünsche.

Dem Empfänger solcher Botschaften geht es allerdings gar nicht gut.

„Frau Königin, Ihr seid gewiss recht schön. Aber Schneewittchen hinter den Bergen bei den sieben Zwergen ist noch tausendmal schöner als Ihr." Wer trübt da mein wunderschönes Selbstbild? Wehe dem Überbringer solch schlechter Nachricht!

Gesetzt den Fall, Sie selbst sind nicht Empfänger/in, sondern Sender/in. Sie wollen oder sollen schonend und doch unmissverständlich sagen, was Sache ist. Halt: Um Sachen geht es so gut wie nie. Das ist aus den vorherigen Kapiteln schon hinlänglich bekannt.

Es ist gut, das nie zu vergessen. Es geht um subjektive Wahrnehmung, die nun in Worte gekleidet wird.

Folgende Regeln sind dabei zu beachten:

- Beobachtungen wiedergeben (nicht Vermutungen und Interpretationen; s. auch Thema Wahrnehmung, S. 26 f.)
- Eigene Gefühle benennen, die das beobachtete Verhalten des anderen auslöst (nicht: „Das finden übrigens alle, dass du unmöglich …")
- Nicht „kalten Kaffee" aufwärmen, sondern möglichst sofort rückmelden (nicht: „Übrigens hast du damals …")
- Bei der Wahl des Zeitpunkts und des Inhalts das Fassungsvermögen des Angesprochenen be-/achten (also nicht überfallsartig, wenn er/sie gerade abgekämpft bei der Tür hereinkommt)
- Klar und eindeutig benennen (nicht: „Eigentlich könntest du …", „Du machst das immer")

So kann eine komprimierte Rückmeldung verpackt sein:

„Wenn du mir ins Wort fällst, fühl ich mich unterdrückt. Gerade hab ich begonnen zu sagen, wie ich mich auf die Ferien freue, da redest du über deine Pläne und unterbrichst mich damit. Ich möchte dir aber gern von meinen Plänen erzählen."

Leider schlucken und verbergen wir viel. Wir sprechen nicht immer aus, wie andere auf uns wirken, aber wir handeln entsprechend.

Von informellen und heimlichen zu formellen und öffentlichen Regeln

Wir versuchen, in das ständige Geben und Empfangen von Informationen Ordnung zu bringen. Wir suchen nach gleichartig Wiederkehrendem. Solcherart entdecken wir die unausgesprochenen Regeln, die das Handeln bestimmen.

Die Lehrerin kommt wieder einmal zu spät. Kein Mensch in der Klasse steht mit dem Läuten habtacht. Im Gegenteil: Alle wissen, dass sie noch geruhsam ihr Essen auspacken oder die Hausübung fertig abschreiben können.

Wenn die Lehrerin die Klasse drei, fünf oder neun Minuten nach dem Läuten betritt, erwartet sie von ihren SchülerInnen gespannte Aufmerksamkeit. Doch auch wenn sich alle schließlich dazu bequemt haben

Ihre Meinung ist uns wichtig!
(Zutreffendes bitte ankreuzen)

Gefällt mir		Sollte verbessert werden
☺	Format der VERITAS-Bücher	☹
☺	Inhalt der VERITAS-Bücher	☹
☺	Qualität der VERITAS-Bücher	☹

Senden Sie mir laufend Gratis-Informationen zu folgenden Büchern zu: wenn Sie daran interessiert sind, speichern wir Ihre Adresse in unserer Datenbank)

- ☐ VERITAS-Pädagogik
- ☐ Lehr- und Unterrichtsmittel
- ☐ Pädagogische Zeitschriften
- ☐ Kindergarten
- ☐ Musik
- ☐ Lernhilfen

Absender:

Kindergarten/Schule/Schulkennzahl ______________________

Titel/Vorname/Zuname ______________________

Straße ______________________

PLZ ____________ Ort ______________________

Ort, Datum, Unterschrift ______________________

Eine kleine, aber lohnende Investition

VERITAS

Veritas Verlag Ges.m.b.H.
z. H. Frau Brigitte Roser
Hafenstr. 1–3, PF 50
A-4010 Linz

aufzustehen, fängt der Unterricht nicht wirklich an. Die Lehrerin trägt ins Klassenbuch ein. Sie stellt fest, wer schon wieder fehlt und regt sich darüber auf. Die Anwesenden bekommen den Ärger ab, der den Abwesenden gilt.

Schon in diesen ersten Minuten teilt die Lehrerin eine Menge mehr mit, als ihr bewusst ist. Wenn sich Ähnliches oft wiederholt, haben die SchülerInnen Regeln erkannt: Ich fühle mich nicht verpflichtet, pünktlich zu sein. Ich erwarte Konzentration vom ersten Augenblick an, auch wenn ich mich etwas anderem zuwende. Ich gebe Rückmeldungen über Abwesende usw.

Die Schülerinnen und Schüler werden darauf unterschiedlich reagieren. Bald werden sie sich nicht bemühen, beim Läuten in der Klasse zu sein. Jede/r wird sich für einen individuellen Start der zielgerichteten Arbeit entscheiden.
Auch in Erwachsenengruppen spielt sich oft neben der offiziell festgeschriebenen Regelung für den gemeinsamen Zeitaufwand bald eine heimliche Regelung ein. Unausgesprochen rechnen Seminarleiter und Teilnehmer von Kursen mit einem späteren Beginn. Selbst die Überpünktlichen der ersten Stunden gewöhnen sich das Pünktlichsein ab, weil sie nicht als Dumme so lange warten wollen.

Auch für mich hat es länger gedauert, bis ich begriffen habe, dass mein vermeintlich geduldiges Warten auf Zuspätkommende einer Geringschätzung der Pünktlichen gleichkommt. Und wie kommen die noch dazu, die ärgerlichen Kommentare über die Fehlenden anzuhören?

Ich beginne und ende pünktlich und lasse mich nicht davon beeinträchtigen, wie viele TeilnehmerInnern aus welchen Gründen andere Zeiten einhalten. Ich glaube, Autonomie beginnt u. a. beim selbstverantwortlichen Umgang mit Zeit. Da muss sich dann auch niemand devot bei mir entschuldigen. Ich gehe davon aus, dass der- oder diejenige gute Gründe für seine/ihre Entscheidung hat.

Ich stelle fest, wie angenehm diese klare Regelung für alle Betroffenen ist. Sollte es unangenehme Erfahrungen geben, ist genau das ein wichtiges gemeinsames Thema. Im Sinn der Regel „Störungen haben Vorrang!" (Diese Regel stammt aus der Themenzentrierten Interaktion –TZI – von Ruth Cohn.)

Regeln sind wie Leitplanken oder Geländer auf den emotionalen Brücken, über die wir unsere Sachen transportieren. Sie geben Schutz und Sicherheit für Ausrutscher, für den Fall der Fälle. Regeln sind geregelte Ausnahmen. Regeln bewirken nichts an sich, sondern markieren Handlungs(spiel)räume.

Vereinbarungen vorgeben – überprüfen – aushandeln – überprüfen

Einer noch gar nicht existierenden Gruppe hilft es, wenn ihr eindeutige Regeln öffentlich bekannt gegeben werden – am besten in schriftlicher Form (s. Beispiel für erste Klasse, S. 44). Nach einiger Zeit oder bei massiven Regelverletzungen muss eine Diskussion darüber stattfinden, wie die Regeln erlebt werden: als hilfreich, störend, unfair etc. ...

Jetzt erweist es sich als günstig, wenn die Beteiligten Ich-Botschaften formulieren, aktiv zuhören und angemessen Rückmeldungen geben können. Dann steht Verhandlungen über mögliche Sanktionen oder Um- und Neuformulierungen der Regeln nichts mehr im Weg. Regeln, die ich selbst bestimmt habe, halte ich viel leichter ein als vorgegebene. Das Regelbewusstsein ist Voraussetzung für die Schulreife. Sogar VolksschülerInnen können sich ihre eigenen Regeln geben.

Wenn das Ganze nicht fehlschlagen oder eine Augenauswischerei werden soll, ist beim Formulieren zu beachten:

1. Negationen vermeiden
2. Wirklich erreichbare Ziele formulieren

Also statt „Wir wollen nicht schimpfen" „Wir reden uns mit den Vornamen an, auch wenn wir uns ärgern". Oder statt „Wir sollen tolerant sein" „Wir lassen den, der am Wort ist, ausreden".

Wenn Vereinbarungen nicht eingehalten wurden, sollten die betreffenden SchülerInnen besondere Leistungen für die Klasse erbringen, z. B. Sessel nach dem Unterricht auf die Bänke stellen, für kranke Mitschüler mit Durchschlag schreiben etc.

4.Teilziel
Konflikte bearbeiten

„Wehr dich doch! Lass dir nichts gefallen!"
„Geh, borg ihm doch das Schauferl, sei nicht so …"
„Lass sofort los! Entschuldige dich auf der Stelle!"
„Gib ihr die Hand und seid wieder Freunde!"
„Warum tust du das?"

So oder ähnlich lauten die Botschaften, die Mütter seit jeher am Sandkasten an ihre streitlustigen Sprösslinge senden.

Konflikte bearbeiten lernen wir früh

Was lernen wir aus diesen mütterlichen Sätzen?

Botschaften dieser Art vertreiben die Streitlust entweder auf ewig oder verbannen sie zumindest in den Bereich, zu dem die Vernunft keinen Zugang hat. Denn: Was wird durch Aussagen wie die oben angeführten bewirkt?

In jedem Fall werden Schlussfolgerungen gezogen: Die Erwachsenen wissen, was ich tun muss; ich werde angehalten, ihre Befehle auszuführen; das Streiten sollte vermieden werden. Wenn es mir widerfährt („Ich fang doch nie an!"), muss ich eine geeignete Erklärung parat haben, die die Erwachsenen beruhigt und sie zu meinen Verteidigern macht.

Was Kinder nicht lernen:
Konflikte selber lösen; einen Streit so beenden, dass keiner der Kontrahenten das Gesicht verliert, Gefühle angemessen (deutlich, aber nicht verletzend) ausdrücken.

Wen wundert es, wenn die „Sandkastenspiele" in der Schule weitergespielt werden? Nun sind die LehrerInnen und DirektorInnen diejenigen, denen die Mutterrolle zufällt. Verantwortungsbewusst übernehmen sie sie, obwohl sie doch nicht Elternersatz sein wollen.

Da vergattert ein Direktor zwei Streithähne, die zu ihm beordert wurden, dazu, einander friedvoll die Hand zu reichen und von nun an Freunde zu sein. Dort appelliert eine Lehrerin an die Klasse, nicht genauso rüde zu handeln wie der aggressive Mitschüler.

Solcherart erfahren Kinder: Wut haben ist böse. Es gilt, vernünftig zu sein. Fürs Vernünftigsein gibt's Anerkennung.

Kaum fehlt das kontrollierende Erwachsenenauge, wird der Kampf eröffnet. In der Pause prallen vitale Leiber aufeinander. Verwundert stellen LehrerInnen fest, dass die Klasse in der Stunde doch recht brav sei. Sie äußern ihr Entsetzen über die Schrankenlosigkeit und Intensität der Gewalt unter SchülerInnen.

Wann sollten Kinder heute ihr eigenes Reglement entwickeln lernen? Während sie sprachlos und einsam vor ihrem TV-Gerät sitzen?

Früher bot selbst der karge Hinterhof diese Qualität: Er war Versammlungsort für das Organisieren gemeinschaftlichen Handelns. 10- bis 13-Jährige vergnügen sich dabei, eigene Standpunkte und Ideen des

Langen und Breiten darzulegen und allmählich gemeinsam die Identität der Clique zu finden. Planen ist in diesem Alter wichtiger als Ausführen.

Erwachsene reagieren. Und wie!

Streitende und gewalttätige SchülerInnen verursachen bei ihren LehrerInnen den Drang rasch zu handeln. Der Ratio wird dabei höchste Priorität beigemessen. Zum Verhandeln scheint keine Zeit zu sein. Dass die Lehrerin, der Lehrer in diesen Notstand gerät, macht sie/ihn wütend. Nur darf sie/er diese Wut nicht spüren. Wie kann sich dann diese/r Lehrer/in als Mittler/in eignen? Zu Recht fühlen sich die meisten LehrerInnen in dieser Rolle restlos überfordert.

„Ich kann doch nicht zuschauen, wie sie einander beinahe umbringen? Schließlich gibt es auch so etwas wie Aufsichtspflicht!", lautet das Argument, mit dem die PädagogInnen ihr Einmischen rechtfertigen. „Ich muss doch gegen die Aggression in der Schule, ja, in unserer Gesellschaft, etwas tun!"

Diesbezüglich ist die Erwachsenenwelt einig. Selbst beim sanften Poeten und „Aktion SOS Mitmensch"-Proponenten hört sich das so an: „Da muss im Unterrichtsministerium eine Guerillatruppe gegen den Rechtsextremismus her!"

Zweierlei fällt kritischen ZuhörerInnen auf: Erstens das Handeln gegen ..., zweitens die kriegerische Sprache. Das sei Haarspalterei und nichts im Vergleich zu den tätlichen Angriffen mancher Kinder und Jugendlicher, argumentieren Sie?

Der Balken, den die Erwachsenen in ihrem eigenen Auge gern übersehen, ist meist kunstvoll verkleidet.

Diese wohl bemäntelten Aggressionen sind:

- Moralpredigten: „Es ist ja nur zu deinem Besten. Du solltest bedenken ... Schau, überleg doch ..."
- Karambol-Billard: „Mit dieser Meinung stehst du aber ganz allein da. Was du wieder für einen Blödsinn verzapfst."
- Sarkasmus: „Na, Kinder, wie findet ihr euren lieben Mitschüler Braunberger? Bei mir heißt du von heute an Brauner!"
- Analysen: „Lieber Müller, seit deine Mutter in der Sprechstunde war, wundert mich gar nichts mehr. Schon was von ‚overprotective' gehört?"
- Mahnen, Befehlen: „Wenn ihr nicht sofort aufhört, werden wir keinen Film sehen. Nimm endlich das Buch heraus!"

Genug?

Wenn wir selbst die so Angesprochenen sind, merken wir den Angriff. Als AdressatInnen fällt uns sogar bei Fragen, Ratschlägen oder am Schweigen anderer auf, dass sie gut verborgen Vorwürfe, Drohungen oder Befehle enthalten. Wir empfinden sie als äußerst aggressiv. (Wir haben sie als „Straßensperren" auf S. 32 kennen gelernt.)

Nur wenig unterscheidet sie von tätlichen Angriffen. Es sind stärker kontrollierte Verhaltensweisen. Die „TäterInnen" überlegen mehr, die „Taten" kommen leiser und durch die Hintertür. So ist erklärbar, warum dieses „Taubenverhalten" sozial akzeptiert ist. Wenn von Aggressionen die Rede ist, vergisst man diskret auf diese weit verbreiteten Formen.

„Kehrt sich die Geschichte um? Steh ich, die schimpfende Lehrerin, jetzt als Täterin da und der prügelnde kleine Macho ist das Opferlamm? Oder soll die Schlussfolgerung gezogen werden, wir seien alle aggressiv, und damit basta?", fragen Sie jetzt vielleicht.

Arbeit am Widerstand, nicht gegen den Widerstand

Ja, wir sind alle immer wieder aggressiv. Denn das ist die Energie, mit der wir uns durchsetzen.

Aggredere (latein.) heißt wörtlich „auf etwas oder jemanden zugehen, an eine Aufgabe herangehen". Diese positive Deutung gilt es wieder zu beleben. Der wichtigste und deshalb erste Schritt heißt: meine eigenen Aggressionen kritisch wahrnehmen. Auch die gut

bemäntelten. Die Schlussfolgerung lautet dann: In der Schule, wo viele Menschen zusammenkommen, gibt es Gefühle. Und zwar nicht nur die gemeinhin positiv geschätzten wie Freude, Zuneigung und Wohlbehagen. Es gibt auch Angst, Wehmut, Traurigkeit, Ärger und Zorn.

Den Gegensatz, den wir zwischen diesen beiden Gruppen geschaffen haben, und die Kluft, die zwischen ihnen zu sein scheint, gilt es zu überwinden. Noch immer existiert in unseren Köpfen das scheinlogische Urteil: Je mehr die Menschen einander mögen, desto weniger streiten sie, desto weniger Aggressionen gibt es.

Weil Paare immer noch so sehr daran glauben, suchen sie den ewigen „honeymoon" mit immer neuen PartnerInnen. Oder sie halten mit großer Kraftanstrengung ihre „gefährlichen" Gefühle zuhause unter Verschluss. Besonders die Frauen wurden jahrhundertelang zu solchen Tauben domestiziert.

Die amerikanischen Streitforscher Bach und Wyden machen darin die Ursache des großen Aggressionspegels in unserer Gesellschaft aus: Aus „Zeitmangel" oder falsch verstandener Werthaltung würde weniger zuhause mit uns Nahestehenden gestritten. Den angesammelten „Gefühlsmüll" laden wir lieber weit weg auf einer fremden Deponie ab. Die Forscher meinen: Täglich einmal gestritten erspart den Arzt.

Mit wem streiten Sie täglich? Was würde passieren, wenn Sie Ihre Klasse täglich zum 5-Minuten-Streit einladen? Die Fantasievorstellung, die sich als erste aufdrängt, resultiert sicher aus einer Situation, in der länger gesammelter Müll ausgeschüttet wurde. Was ändert sich, wenn täglich hergezeigt würde, was neben all den „gescheiten" Sachen und „guten" Gefühlen sonst noch „übrig" ist? Vielleicht müsste dieses Ärgergefühl, diese Unlust, diese Verletztheit nicht auf dem Mist landen, sondern könnte den Nährstoff abgeben für eine völlig neue Lerneinheit.

Bach und Wyden meinen, dass jede Aggressionsäußerung Information sei. Diese Information betrifft zwei Hauptthemen: wie nah oder fern ich andere Leute von meinem Leib haben will und wie ohn/mächtig ich mich erlebe.

Diese Themen sind die wichtigsten in der menschlichen Beziehung. Sie bestimmen alles. Jede/r von uns kann entscheiden, ob das heimlich passiert oder offen.

Störungen haben Vorrang

Für Ruth Cohn, die große Gruppentherapeutin, ist dieser Satz die zweitwichtigste Regel in Gruppen.

Was meint sie damit? Sie sagt, dass eine Gruppe nur dann lebendig lernt, wenn alle bei der Sache sind. Störungen zur gemeinsamen Sache machen, ist ein wichtiger Beitrag zum Gruppengeschehen. Sie offen anzusprechen hilft, möglichst rasch wieder die Energien beim ursprünglichen Thema zu bündeln. Oft glauben LehrerInnen irrtümlich, dass sie jede auftretende Störung zu einer gruppentherapeutischen Sitzung umgestalten müssten. Sie weigern sich zu Recht, das zu tun. Sie haben stets einen Besen bei sich, um Unliebsames sofort unter den Teppich kehren zu können. Das ist das andere Extrem, mit dem sie zwar ihr eigenes Interesse verfolgen, dem Gruppenganzen aber ganz und gar nicht gerecht werden.

Und das wollen Sie doch mit Hilfe dieses Buches lernen, oder?

Bislang haben Sie vielleicht eher Anleihen bei Diskussionsleitern im Fernsehen genommen. Was tun ModeratorInnen im Konfliktfall? Weil sie ja, wie die Bezeichnung ausdrückt, mäßigend wirken wollen, sind sie mit dem Besen da: Sie ignorieren die ersten Signale. Die nächste Steigerungsstufe heißt Beschwichtigen. Das Beschwichtigen durch den Moderator führt dazu, dass der/die Aufgebrachte bzw. die Kontrahenten sich noch mehr erregen. Gut gemeinte Ratschläge oder persönliche Parteinahme des Moderators bewirken die Unmutsäußerung von einem oder gleich beiden Streitenden. Nun ist eine neue Runde eröffnet und mit der „Mäßigung" ist es ein für alle Mal vorbei: Der Moderator ist mitten im Clinch. Er/sie ist Betroffene/r.

Das erinnert an Komödien, in denen die Eltern einander die Haare ausreißen, während ihre Kinder wieder friedlich miteinander spielen.

Kommt Ihnen das bekannt vor? Nichts eint eine zerstrittene Klasse mehr als ein/e Lehrer/in, deren/dessen Handeln in einer Konfliktsituation als ungerecht empfunden wird.

Was also ist zu tun? Einfach geschehen lassen und hilflos zuschauen? Unbeteiligt weghören und Stoff vortragen?

Wenn es brennt, wünschen wir rasche und wirksame Feuerwehraktionen. Am liebsten würden LehrerInnen Äußerungen von Unbehagen, Wut, Ärger und Desinteresse mit Putz und Stingel ausrotten. Dann wäre das Unterrichten angenehm. Man/frau wäre vor unliebsamen Überraschungen gefeit. Vor der Überraschung nämlich, dass die Anwesenden (sie selber miteingeschlossen) aus mehr als aus Köpfen bestehen.

Daran erinnern uns nämlich die, die „stören".

Was können LehrerInnen tun? Wo ist das Seil, der Rote Faden, an dem Sie sich entlanghanteln können, wenn Ihnen das Konfliktbearbeiten gefährlich vorkommt?

Knüpfen wir es am letzten Gedanken an: Störungen zeigen, dass wir nicht bloß Wasserköpfe sind. Daher kann das Ziel niemals „Konflikte lösen" heißen. Was wir lernen können, ist, sie zu bearbeiten, damit wir uns ganzheitlich weiterentwickeln.

Weiterentwicklung besteht auch darin, einen Konflikt ungelöst stehen zu lassen. Aber erst nach der Arbeit. Weise ist, wer sich etwas gemeinsam anschaut und auch wieder gemeinsam wegräumt. Die Betonung liegt auf gemeinsam! Denn auch das ist eine großartige Leistung. Zu sagen: „Das entzweit uns jetzt, das scheint momentan unlösbar. Schauen wir gemeinsam an, wie wir mit diesem Gepäck am Rücken trotzdem miteinander weiterkommen (im Gespräch bleiben, miteinander leben, zusammenarbeiten ...) können."

Erinnern Sie sich? Das Fernziel bestimmen ist der erste Schritt. Nun geht's an die detektivische Feinarbeit.

Detektive klären zuerst den Problembesitz

Thomas Gordon empfiehlt, zunächst zu entscheiden, wer das Problem besitzt. Schauen Sie zu diesem Zweck in einer „störenden“ Situation durch das unten abgebildete „Konfliktfenster“. Wie schaut es aus?

Wie in Abb. 1? Da sind ausschließlich Sie Problembesitzer/in. Oder wie in Abb. 2 a? Da hat ein/e Schüler/in ein Problem, das Sie nicht wirklich tangiert. In Abb. 2 b finden Sie die Situation vor, dass mehrere SchülerInnen miteinander im Clinch liegen. Die Abb. 3 zeigt, wie Sie als Lehrer/in mit einem oder mehreren anderen einen Konflikt haben.

Die Unterschriften weisen darauf hin, was es für Sie als handlungswillige Person zu tun gibt. Ob sie etwas „verkaufen“, andere beraten oder einen Konflikt als Beteiligte/r bearbeiten wollen, macht einen gewaltigen Unterschied (vgl. auch die Darstellung der Gesprächsformen S. 32). Daran erkennen Sie, wie wichtig es ist, draufzukommen, wer gerade das Problem hat.

Zu all diesen Verhaltensweisen brauchen Sie jede Menge Fähigkeiten. Mit jeder problematischen Situation können Sie und alle anderen Beteiligten eine ganze Menge lernen.

Wenn Sie unter Lernen ausschließlich die Stoffvermittlung und -erarbeitung verstehen, dann müssen Sie warten, bis Sie und alle anderen gerade problemfrei sind. Diesen ungetrübten Teil der Konflikt-Fensterscheibe nennt Gordon die Lehr- und Lernzone.

Wie oft sehen Sie bei kritischer Betrachtung solch frisch geputzte Fenster in der Schule?

Nun, Sie haben sich entschieden, mehr zu tun als Kopfwissen zu vermehren. Dann bieten sich alle die in den Abbildungen genannten Möglichkeiten auch als Lehr- und Lernbereich an.

Woran erkennen Sie, dass ausschließlich Sie ProblembesitzerIn sind?

Das kann ein Konflikt sein, der Ihnen ganz allein gehört, also ein so genannter innerpsychischer Konflikt. „Zwei Seelen wohnen, ach, in meiner Brust“, bemerkte der alte Geheimrat Goethe so treffend dazu.

Kann sein, dass Sie unentschieden sind, ob Sie den Stoff nochmals wiederholen oder ein Projekt planen sollen. Die Unentschiedenheit wird Ihren Unterricht beeinträchtigen. Je stärker das beteiligte Gefühl, desto mehr.

Wenn Sie mitten im schönsten Vortrag einen sich königlich mit seinem Nachbarn amüsierenden Schüler sehen, steigt Ihnen sicher die Galle hoch. Während das passiert, geht es Ihrem Schüler noch gut. Noch hat er kein Problem. Sie sind Problembesitzer/in. Ihr Wunsch ist naturgemäß groß, dass der „liebe“ Knabe ehebaldigst ein Problem hat. Auf dass es Ihnen wieder

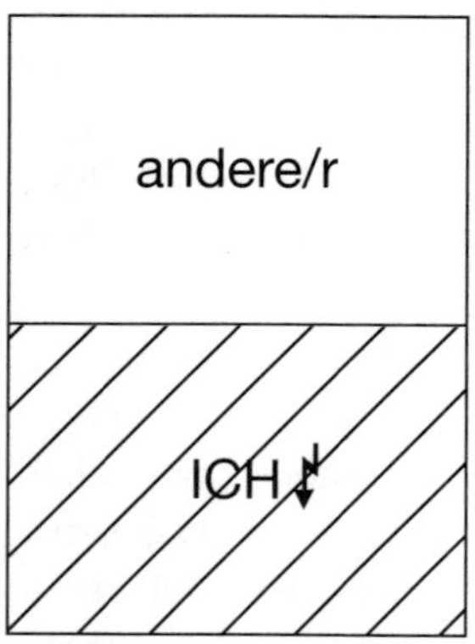

Abb. 1

„Verkauf“
Ich-Vertretung

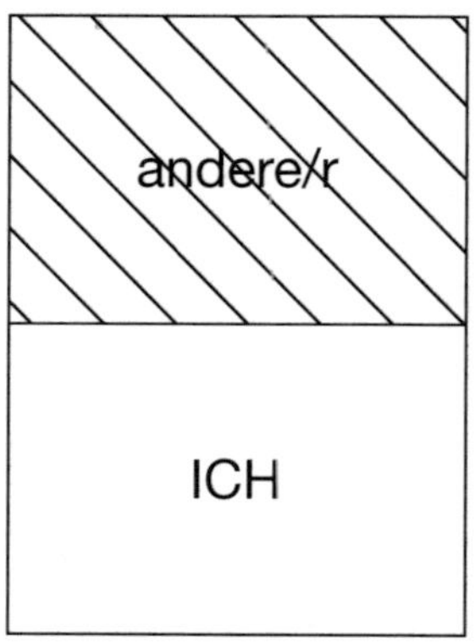

Abb. 2a

Beratung

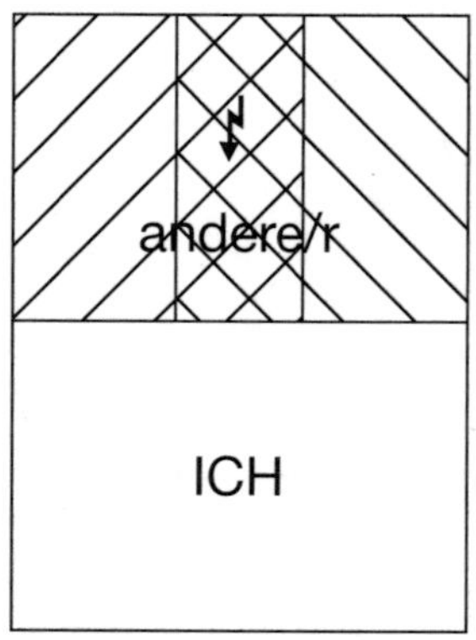

Abb. 2b

Vermittlung
Mediation

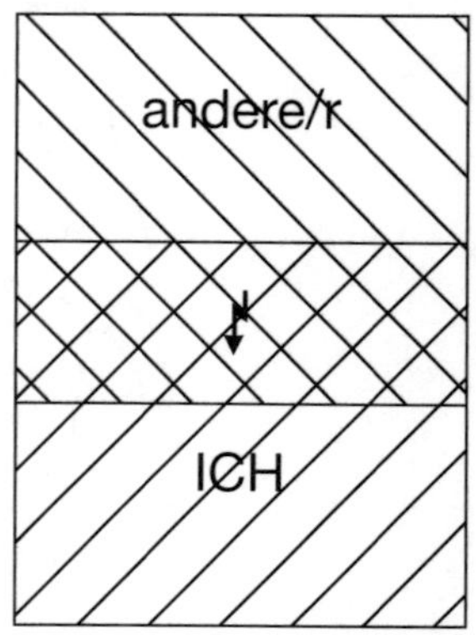

Abb. 3

Konfliktgespräch

gut gehe. Dementsprechend verletzend werden Sie – bei noch so pädagogischer Absicht oder infolge dieser – agieren. Schließlich wollen Sie siegen. Das bedeutet, dem Störenfried eine ordentliche Niederlage zu bereiten. Schon möglich, dass der Schüler vor Schreck ob der gewaltigen Entladung zunächst einmal ruhig ist. Doch nach der ersten Schrecksekunde geht das Theater von vorne los, vielleicht sinnt er auch klammheimlich nach Rache. Mutige SchülerInnen geben Ihnen sofort ein adäquates Contra.

Was Sie erreichen, ist in jedem Fall kein wahrer Sieg, bestenfalls ein mickriger Pyrrhussieg.

Auch wenn Sie denjenigen dingfest machen könnten, der Ihr Problem verursacht hat, gilt es tief durchzuatmen und Ruhe zu bewahren. Und dann wenden Sie das an, was Sie in ruhigen Zeiten als Selbstdarstellung oder Ich-Botschaften gelernt haben (siehe Teilziel 1, S. 29 f.). Diese Fertigkeit brauchen Sie jetzt, um Ihr Problem und Ihren Wunsch unmissverständlich auszudrücken. Es gilt, die eigene Position so zu „verkaufen", dass dem anderen klar ist: Sie wollen ernst genommen werden.

Dazu sind zwei Ich-Botschaften notwendig: erstens eine über Ihr Befinden. Die zweite stellt eine Willenskundgebung dar. Sie vertreten sozusagen anwaltlich, was für Sie herausschauen soll, was Sie eben jetzt für sich brauchen.
Wie wir beim Kennenlernen der Ich-Botschaften festgestellt haben, ist deren richtiger Einsatz keine Garantie für die Erfüllung des geäußerten Wunsches. Das, was realistisch ist, ist, dass Ihr Gegenüber nicht sagen kann, er habe ja nicht gewusst, und wenn, dann hätte er/sie doch gleich ... Der/die andere ist also nicht mehr unschuldige/ Problemverursacher/in.

Was bringt mir dann das gute Verkaufen meiner selbst, wenn ich damit beim anderen nichts erreiche, werden Sie fragen. Es könnte zur Erkenntnis führen, dass es nur eine/n gibt, der am besten für Sie sorgt und dass das Sie höchstpersönlich sind. Die klare Formulierung eines Wunsches kann zur Folge haben, dass Sie beschließen, sich diesen Wunsch hier und sofort zu erfüllen.

Eine AHS-Direktorin jammerte schon lange über das Desinteresse ihrer Oberstufenklasse. Eines Tages platzte ihr der Kragen. Doch diesmal dachte sie rechtzeitig an das, was sie in der Lehrerfortbildung über Ich-Botschaften gelernt hatte. Sie sagte: „Mir reicht's. Ich habe absolut keine Lust mehr, für euch die Alleinunterhalterin zu sein. Ich will einmal an mich denken. Ich werde jetzt die Zeitschrift lesen, zu der ich sonst nie komme." Gesagt, getan. Eine Stecknadel hätte man fallen hören können.

Mit Hochgenuss, ganz ohne schlechtes Gewissen, setzte sich die Direktorin ans Pult und las. Die SchülerInnen reagierten unterschiedlich. Einige wollten nach einer Weile wenigstens Arbeitsaufträge, als sie feststellten, dass sicher kein Unterricht mehr erteilt würde. Andere nutzten die gewonnene Zeit nun offiziell für das, was sie vorher zu verheimlichen versucht hatten (Tratschen, Lesen, Hausübungschreiben ...).

In der darauf folgenden Deutschstunde waren alle bereit, einen Arbeitsvertrag so auszuhandeln, dass beide Seiten weder als Sieger noch als Verlierer ausstiegen. Der Vertrag hielt eine ganze Weile. Bis zum nächsten Konflikt.

„Und so blieb es auf immerdar. Und wenn sie nicht gestorben sind, dann ..." So endet nur das Märchen. Das wird allerdings nur von Archetypen bevölkert. Dort, wo lebendige Menschen handeln und sich immer wieder ändern, folgt einer Erholungsphase der nächste Konflikt.

Im Konflikt findet der Informationsaustausch statt, der zur Anpassung an die veränderte Situation führt. Konflikte sind also ein Zeichen dafür, dass eine Gruppe, dass die Beziehung höchst lebendig ist. Nur dort, wo jegliches Gefühl erkaltet ist und die Beziehung de facto nicht mehr existiert, wird nicht gestritten.

Doch halt. Wir waren bei der in Abbildung 1 wiedergegebenen Situation: Ich bin Problembesitzer/in und handle entsprechend.
Viel lieber sind wir natürlich in der umgekehrten Position: Der/die andere hat ein Problem und wir stehen als die Retter in der Not da.

Doch ist das Helfen wirklich leichter? Wer wüsste nicht aus dem Alltag, wie schwer es ist, das richtige Wort oder die passende Tat zu setzen, wenn jemand anderer sich in Not befindet. Egal ob es in unseren Augen ein „Klacks“ ist, was der/dem anderen problematisch erscheint, oder ob es tatsächlich eine „ausgewachsene“ Krise ist.

Allmachtsfantasie contra Ohnmachtsangst

In jedem Fall ist es fatal, mit Allmachtsfantasie oder Ohnmachtsängsten an die Sache (besser: die Person) heranzugehen.

Hilfreiche Beratung besteht darin: zur Klärung beitragen. Wenn der oder diejenige, der/die ein Problem hat, sich selbst klar wird, was der nächste Schritt sein könnte, ist fast alles gewonnen. Zumindest ist die lähmende Blockierung aufgehoben (s. Erste Hilfe, S. 25). Und das ist schon eine ganze Menge.

Wenn Sie zwar gut drauf sind, aber den Eindruck haben, dass sie einer Schülerin, einem Schüler beistehen sollten, dann wenden Sie doch das an, was Sie im selben Kapitel bei Teilziel zwei gelernt haben: aktiv zuhören (siehe S. 36). Was Sie da sozusagen im Trockentraining gelernt haben, hat jetzt höchste Priorität. Als beratende/r Lehrer/in helfen Sie dem anderen, seine Ich-Botschaften zu formulieren.

Ist das Problem tatsächlich auf eine Person beschränkt, äußern Sie zunächst Ihre Beobachtung (= aktiv zuhören): „Ich hab den Eindruck, dich bedrückt etwas.“ Oder „Mir scheint, du langweilst dich gerade schrecklich.“ Oder: „Anscheinend ärgert dich das fürchterlich.“

„Stimmt ja gar nicht, es ist ohnehin alles o.k.“ oder ein stummes Nicken sind die kürzesten Reaktionen auf Ihre Feststellungen. Dann kann zur Tagesordnung übergegangen werden. Manchmal tritt der Türöffner eine Wortlawine los. Wenn Sie Ihren SchülerInnen die Ich-Botschaften beigebracht haben, dann geschieht das in der Ich-Form. Für Ungeübte ist es schwer, für das Feuerwerk an Gefühlen in ihrem Inneren die passenden Worte zu finden. Geschweige denn, Wünsche ohne Kolonialisierung zu formulieren.

Meist werden Sie als Übersetzer gebraucht: Die anklagenden Du-Botschaften werden zu anwaltlichen Ich-will-Sätzen.

Für eine/n lässt sich das gerade noch schaffen. Was aber, wenn die ganze Klasse brodelt? Da war vor Ihrer Stunde eine schwere Mathematikschularbeit, ein Streit in der Pause, eine Auseinandersetzung mit der Gangaufsicht …

Ablenken, darüber hinwegsehen hilft nicht auf Dauer. Das Problem erreicht Sie durch die Hintertür doch irgendwann und dann meist potenziert. Dann stinkt der gesammelte Seelenmüll zum Himmel und Sie werden sich kaum unbehelligt aus der Situation heraushalten können. Also lieber gleich Ihre tägliche Konfliktaufgabe erledigen.

Bei den Übungen (s. „Stummer Dialog“, S. 108) sehen Sie, wie eine ganze Klasse Dampf ablassen kann.

Sie haben doch hoffentlich Ihre Klasse schon lange darüber informiert, was Sie in solchen Fällen als Ihre Aufgabe betrachten und was nicht? Zur Sicherheit sollten Sie das nochmals wiederholen, ehe Sie als Problemberater/in fungieren:

„Ich kann nicht eure Probleme für euch lösen. Ich bin sicher, dass ihr das selber schafft. Was ich anbiete, ist die Form, die euch hilft, klarer zu sehen, worum es geht. Wollt ihr das?" So wecken Sie keine falsche Erwartungen.

Das Klären ist relativ einfach, wenn die Klasse zwar das Problem unterschiedlich wahrnimmt und ausdrückt, aber doch geschlossen dasselbe Ziel anpeilt.

Schwierig wird es, wenn es zwei oder mehr konkurrierende Positionen gibt (s. S. 48, Abb. 2b). Dabei ist es egal, auf wie viele Personen sich die verteilen. Das kann lauten: Eine/r gegen alle; verschieden große Gruppierungen oder zwei feindliche Blöcke. Im Prinzip ist wieder dasselbe Muster anzuwenden: zuerst die Bestandsaufnahme. Jede Position muss sich deutlich von den anderen abheben. Die Gefühlslage und das Anliegen von jeder Gruppierung wird „veröffentlicht".

Im nächsten Kapitel finden Sie auch dafür methodische Hinweise.

Was Sie da tun, nennt man neuerdings Mediation. Mediatoren nannte man in den USA ursprünglich jene Personen, die im Scheidungsfall als Vermittler zwischen die zerstrittenen Ehepartner treten. Sie sollen helfen, außergerichtliche Verträge auszuhandeln. Vor allem sorgen sie dafür, dass jede/r wenigstens ohne Unterbrechung darstellen kann, worum es ihm/ihr geht. Allerdings kam man darauf, dass der Anlassfall Scheidung besonders heikel ist und die strittigen Themen, wie Kinder und Geld, besonders heiß. Daraus wurde der richtige Schluss gezogen, dass man/frau schon in der Schule lernen sollte, eigene Positionen zu vertreten, aber auch zwischen konkurrierenden Positionen zu vermitteln. Diese amerikanische Idee wurde in der Bundesrepublik Deutschland aufgegriffen: Konfliktlotsen helfen ihren MitschülerInnen (s. Hinweis in der Literaturliste).

Was mir (so weit mein Wissen über die Mediation reicht) dabei fehlt, ist der nächste Schritt nach dem Nebeneinander-Darstellen der konfliktträchtigen Positionen. Der/die außenstehende Berater/in kann noch mehr leisten: den Konfliktkern herausschälen.

Darunter versteht man das, was in der Mathematik das Suchen nach dem kleinsten gemeinsamen Nenner genannt wird.
Wie das geht?

Auf der Suche nach dem Konfliktkern

Nehmen wir dazu nochmals das Beispiel der frustrierten Direktorin. Jetzt ist die Situation anders: Die Direktorin löst ihr Problem nicht unkonventionell und in Eigenregie, sondern betrachtet die SchülerInnen als gleichermaßen im Konflikt involviert. Sie nimmt wahr, dass die SchülerInnen unterschiedlich eifrig am Unterricht beteiligt sind. Sie findet es ungerecht, wenn sie die Eifrigen durch den „Entzug der Lehre" mitbestraft. Daher möchte sie die Klasse dazu bringen, diese Unterschiede selbst deutlich zu sehen und auch zu bearbeiten. Sie hat die SchülerInnen eingeladen Stellung zu beziehen und ortet nun zwei einander widersprechende Meinungen: Die einen wollen möglichst viel vorgesetzt und vorgekaut bekommen. Sie sind aber bereit, das zu Hause zu verdauen und für Prüfungen zu lernen. Die anderen finden Frontalunterricht einfach öd und wollen möglichst tolle Themen im projektorientierten Unterricht selbst gestalten.

Beide haben etwas gemeinsam, nämlich ihre Opposition gegen die Lehrkraft. (Die will nämlich vortragen und erwartet rege Beteiligung der SchülerInnen.) Der Konfliktkern ist genau das, was den KontrahentInnen gemeinsam ist, er ist die Aussage, zu der beide zustimmend nicken würden.

Im beschriebenen Fall hört die Direktorin aktiv zu: „Ihr seid beide unzufrieden mit dem Unterricht in seiner jetzigen Form. Ihr seid euch aber nicht einig, wie die Änderung aussehen soll." Und nun kommt das Meisterwerk der Konfliktbearbeiterin. Der Konfliktkern wird benannt: „Ich glaube, beiden Gruppen ist gemeinsam, dass jede auf ihre Art zum Ziel kommen will."

Könnten dazu die beiden Gruppen nicken? Sicher! Wenn der Kern allerdings in vorwurfsvolle Stimme verpackt wird, werden sich die Schülerinnen verteidigen. Abwertungen lässt niemand gern auf sich sitzen. Es gilt wie beim Aktiv-Zuhören, dem anderen zu zeigen: Ich nehme dich so wahr und so an. (Noch einmal: das hat nichts mit Gutheißen zu tun. Für mich können genau die entgegengesetzten Werte gelten.)

Der höchste Schwierigkeitsgrad besteht bei der Situation, die in Abbildung 3 (s. S. 48) dargestellt ist. Da sind Sie selbst betroffen. Sie haben einen Konflikt mit einer oder mehreren – vielleicht auch untereinander uneinigen – Personen.

Alles, was Sie jetzt brauchen, haben Sie bei anderer Gelegenheit (Abb. 1 und 2) schon angewandt. Je nachdem, wie tief Sie verstrickt sind, desto schwerer wird Ihnen die Anwendung fallen.

Erstens hören Sie dem/der anderen zu und übersetzen, was bei Ihnen angekommen ist. Sie benennen zusammengefasst das Befinden und den Wunsch des/der anderen. Zweitens vertreten Sie Ihre Position in Form einer Ich-Botschaft. Sie äußern Befinden und Wunsch. Schließlich definieren Sie drittens den Konfliktkern. Wenn Sie dann noch viertens eine für beide akzeptable Lösung vorschlagen, sind Sie Konfliktlösungsass. Genauso gut ist es, wenn Sie die andere Seite um Vorschläge bitten und solcherart den Konsens auf dem Verhandlungsweg ansteuern.

Da niemand wissen kann, wie die guten Vorsätze in der rauen Wirklichkeit überleben, ist in jedem Fall ein Kontrolltermin zu empfehlen. Das bedeutet, dass gleich mitsamt dem Verhandlungsergebnis festgehalten wird, wann die Einhaltung des „Vertrags" von beiden Seiten überprüft wird. Ein Zeitraum von ca. drei bis vier Wochen ist meiner Erfahrung nach günstig.

Veränderungen brauchen Zeit zum Reifen. Sie werden keinesfalls schon während der Verhandlungsphase sichtbar. Oft erwartet aber jede/r genau das als Zeichen der Besserung.

5. Teilziel

Gruppen bilden

Teamarbeit gilt heute als Zauberformel in der Arbeitswelt. Worin besteht der Zauber? Gibt es konkrete Vorteile von Gruppenarbeit? Was genau macht eine Gruppe zur Gruppe? Wie kann ich als Lehrer/in auf den Gruppenprozess Einfluss nehmen? Und soll ich das überhaupt?

Fest steht: Die Klasse ist eine Gruppe.

Beginnen wir mit der wichtigsten Frage: Was verstehen wir unter Gruppe?

Eine Ansammlung von Leuten trifft sich am Fuß eines Berges. Sie wollen gemeinsam wandern.

Gruppe A: Der Bergführer hat alles vorbereitet und die anderen folgen ihm brav bis zur Bergspitze.
Gruppe B: Alle stehen ratlos unten und können sich nicht einigen, wer in welcher Zeit mit wem wohin geht. Die einen preisen die schöne Aussicht von oben, die anderen wollen's gemütlich – Hauptsache es gibt gutes Bier –, die dritten sind um den Zerfall der Gemeinschaft besorgt. Einer stellt alles in Frage und will nach Hause. Die Kinder streiten. Die Erwachsenen versuchen, sie zu ignorieren. Einige warten geduldig und sagen nichts.

Beides sind typische Gruppensituationen. Was also meinen wir, wenn wir Menschen als Gruppen bezeichnen?

Die Familie, die Schulklasse, das Arbeitsteam, das LehrerInnenkollegium, die Eltern der Schule, der Freundeskreis … Was ist ihnen gemeinsam?

Von Gruppe spricht man, wenn einige Menschen eine Zeit lang aufeinander bezogen handeln.

Die Gruppe schafft mehr als die Summe ihrer Mitglieder

Welche Vorteile hat die Gruppe gegenüber Einzelpersonen?

In jedem Fall bringt die Gruppe mehr bei Suchleistungen. Wenn fünf Familienmitglieder ausschwirren, die verlegte Brille der Großmutter zu suchen, ist die Wahrscheinlichkeit, sie zu finden, größer.

Der Suchvorteil der Gruppe gilt auch für die Landkarte der gemeinsamen Wirklichkeit. Das dürfte den LehrerInnen kaum bewusst sein. Da glauben sie einfach nicht, dass mehr Menschen mehr sehen als einer. Und so entwerfen sie einsam ihr Bild der Klasse und planen genauso einsam, wie man es „schöner" machen könnte. Bestenfalls wird noch anderen Erwachsenen (den Eltern, der Leitung, der Schulpsychologie ...) das Bild gezeigt und von ihnen Mithilfe beim „Malen" erhofft.

Ansätze, die SchülerInnen miteinzubeziehen, scheitern an den unpassenden Fragestellungen. Was soll eine Klasse auch Gescheites sagen auf die Frage: „Warum integriert ihr den Hubert nicht?" Oder „Könnt ihr den Hubert nicht wenigstens eine Stunde mitmachen lassen?" Weder die nach Erklärungen bohrende Frage noch der moralinsaure Vorwurf erhöhen üblicherweise die Bereitschaft, einen bequemen Zustand zu verändern.

Veränderungen beginnen immer mit der Wahrnehmung des Ist-Zustandes. Und wenn eine Gruppe etwas ändern will (oder wollen soll), dann muss sie auch als Gruppe gemeinsam Bestandsaufnahme machen. Die Aufgabe der Begleitpersonen kann nur sein, beim Sammeln und Ordnen zu helfen (s. Anregungen dazu, Roter Faden, unklare Situation, S. 21)

Egal, ob es um physische Leistungen, Such- oder Bestimmungsleistungen geht: Hier ist die Gruppe eindeutig dem/der Einzelnen überlegen.

Doch das Handeln in der Gruppe und als Gruppe birgt auch eine Gefahr: Individualität, extremes Anderssein gehen verloren. Narren, Heilige, Spinner und Querdenker werden durch mehr oder weniger sanften Druck dazu gezwungen, sich den anderen anzugleichen, oder sie werden aus der Gruppe ausgestoßen.

Der ver-rückte Standpunkt ist in der Gruppe meist unerwünscht. Und genau das ist ihre Schwachstelle. So stimmt es also nur bedingt, wenn es heißt: In der Gruppe gibt es in Summe mehr Kreativität denn allein. Das trifft nämlich nur dann zu, wenn die Gruppe auf ihre Kassandras und ihre „Andersartigen" hört, deren Meinung und Verhalten als wesentlichen und förderlichen Beitrag zum Gesamtgeschehen betrachtet.

Der Leistungsvorteil einer Gruppe entfaltet sich optimal mittels dreier Vitamine:
1. Wahrung der individuellen Unabhängigkeit
2. Kommunikation
3. Respekt (das ist nicht gleichzusetzen mit Akzeptanz oder Liebe).

Das heißt, jede/r muss seine/ihre eigenständige Position, sein/ihr So-Sein wahren können, der Austausch miteinander muss gepflegt werden und dabei wird das Anders-Sein der anderen beachtet und geachtet.

Gruppe ist nicht gleich Gruppe.
In welchen wesentlichen Merkmalen unterscheiden sich Gruppen?

1. Gruppengröße
2. Intensität des Kontakts
3. gemeinsame Ziele
4. Rollen, Funktionen, Positionen
5. Zeitdauer

Es ist normal, verschieden zu sein

Die kleinste Gruppe ist das Paar. Manche Wissenschafter behaupten, die Gruppe beginne erst mit der dritten Person.
Wenn von Gruppe die Rede ist, kann die Kleingruppe gemeint sein oder eine Subgruppe. Das ist ein Teil einer größeren Einheit, die wir Großgruppe nennen. Wenn es noch mehr Leute sind, sprechen wir von der Masse (zum Unterschied von der Menge, die nicht aufeinander bezogen handelt).

Die Trennlinie zwischen Großgruppe und Masse wird von Soziologen bei ca. 25 Personen angesetzt. In jedem Fall ist also die Klasse eine Großgruppe. Um sich nicht als Masse oder als Großgruppe diffusen, schwer kontrollierbaren Phänomenen ausgeliefert zu erleben, gibt es die natürliche Tendenz, sich zu Subgruppen zu formieren. Es ist als Leistung einer Großgruppe anzusehen, wenn sie strukturierende Einrichtungen schafft durch die Bildung von Untergruppen. Auch das Vorhandensein von frei flottierenden „Einzelgruppen", also EinzelgängerInnen, ist durchaus sinnvoll.

Nämlich dann, wenn zu Vitamin 1 auch die Vitamine 2 und 3 hinzukommen. Also wenn die Verschiedenheit sein darf, ja, respektiert wird und ein regelmäßiger Austausch stattfindet.

Allerdings sind unserer Auffassungsgabe und damit der Kommunikation Grenzen gesetzt. Wenn Interaktionssequenzen rasch ablaufen, sind Korrekturen leichter anzubringen und auch für klärende Konflikte ist vermehrt Gelegenheit. Mit anderen Worten: Tempo gibt es nur in Kleingruppen, die eine Größe von fünf Personen nicht überschreiten.

Daher ist die ideale Lernform für ein produktorientiertes und gemeinschaftliches Vorgehen die Arbeit in der Kleingruppe. Soll das Tempo oder die Intimität noch mehr erhöht werden, ist Partnerarbeit angesagt. Fällt der gemeinschaftliche Aspekt weg, ist es Einzelarbeit.

In der Kleingruppe kann ich unmittelbaren Körper- und Blickkontakt halten (= face-to-face-group). Das fördert die Nähe.

Menschen, die prägende, schlechte Erfahrungen mit Körperkontakt im Sinn von Gewalt gemacht haben, ertragen diese Nähe schlecht (s. S. 38). In der Klasse kommen Menschen mit verschiedenen Erfahrungen zusammen. Sie müssen Tag für Tag, Stunde um Stunde dicht gedrängt mit vielen anderen Menschen in einem Raum verbringen. Ganz abgesehen vom natürlichen Bewegungsdrang ist diese Situation für einige SchülerInnen eine ständige Herausforderung, für einzelne sogar eine Überforderung. Das sind dann oft solche, die sich den Freiraum, also den Abstand zum Nächsten, durch aggressives Verhalten sichern.

Nähe, Zusammenhalt, Aneinander-gebunden-Sein (= Kohäsion) hängt von der Interaktionsdichte und diese wieder u. a. von der Zahl der Personen ab.

Der Einfluss von Zeit

Die – relative – Dauer ist ein wichtiges Merkmal von Gruppe.
Manchmal schließen sich Menschen kurzfristig zusammen und verfolgen ein gemeinsames Ziel. So etwa regen sich Leute gemeinsam auf, wenn sie in der Warteschlange vor dem Schalter stehen und sich jemand vordrängt. Auch im Wartezimmer des Arztes kann sich in Kürze ein Gemeinschaftsgefühl entwickeln.

Das, was hier vor sich geht, bestimmt das Leben von dauerhaften Gruppen noch massiver und deutlicher.

Die Zeitdauer wirkt auf Gruppen. SozialwissenschafterInnen haben nachgewiesen: Es gibt einen wechselseitigen Einfluss von Zeit, gemeinsamer Aktivität und wachsender Sympathie.

Klar, je sympathischer man einander findet, umso mehr macht man gemeinsam. Aber auch umgekehrt stimmt es: Je mehr Zeit einige Menschen miteinander verbringen, desto größer die Wahrscheinlichkeit, dass sie miteinander handeln und einander sympathisch werden.

Die MitschülerInnen in der eigenen Schulklasse sind einem mit der Zeit fast zwangsläufig sympathischer als die der Nachbarklasse oder -schule. Je mehr sie als Gruppe miteinander tun, umso mehr wächst die Sympathie. Für zerstrittene Klassen ist bekanntermaßen ein Schikurs oder ein gemeinsam verbrachter Wandertag gemeinschaftsfördernd.

Doch wie sieht der Schulalltag aus? Wie viel haben die SchülerInnen miteinander zu tun? Besteht ihre Gemeinsamkeit darin, jeweils 50 Minuten lang in dieselbe Richtung zu starren und denselben Inhalten zu lauschen?
Wen wundert's, dass die jungen SchülerInnen beim Pausenklingeln wie von der Tarantel gestochen auseinander stieben, um in selbst gewählten Grüppchen spielerisch, manchmal auch kriegerisch, zueinander zu finden.

Eigentlich tun diejenigen sehr viel für das Miteinander, die tratschen oder einsagen und für die gemeinsame Unterhaltung während des Unterrichts sorgen. Je weniger davon im offiziellen Rahmen stattfinden darf, desto deutlicher tritt das Bedürfnis nach Gemeinsamkeit als „Unterrichtsstörung" zu Tage.

Durch den häufigen Nahkontakt wird die soziale Distanz verringert, Vor-Urteile werden zu Urteilen oder einfach zu Beobachtungen. Durch den ständigen Austausch von Selbstbild und Spiegelbildern (= Fremdbild) können sich Eindrücke verfestigen und andere neu entwickeln. Wir erleben daher die Teilnahme an einer Gruppe gleichermaßen als verunsichernd und Sicherheit gebend. Je nachdem, wie weit Selbst- und Fremdbild auseinander klaffen, überwiegt die Sicherheit gebende Bestätigung oder die Verunsicherung.

Unabhängig davon, zu welchem Zweck sich die Gruppe formiert, passiert am Anfang immer Folgendes: Ich zeige einen ausgewählten, mir passend erscheinenden Teil von mir her. Wenn die anderen das auch tun, kann ich diese Information mit der meinigen vergleichen und in den nächsten Schritten entsprechende korrigierende Anpassungen vornehmen. (Wir haben das im Kapitel „Wie inszeniere ich mich am besten?" als Eindruckssteuerung kennen gelernt.)

Je öfter ich früher in meinem Leben Bestätigung bekommen habe und aktuell wieder bekomme, desto freier bin ich, immer wieder neue Facetten zu zeigen. Allmählich bin ich auch neugierig auf gezielte Rückmeldungen und Auseinandersetzungen. Dadurch bekomme ich die Chance, blinde Flecken zu verkleinern. Vielleicht wusste ich bisher nicht, wie zaghaft ich meine Bedürfnisse formuliere oder wie sehr ich andere mit meinem Dauerreden unterdrücke?

Das Johari-Fenster (von **Jo**seph Luft und **Har**ry **I**ngram) ist ein Modell für diese Entwicklung:

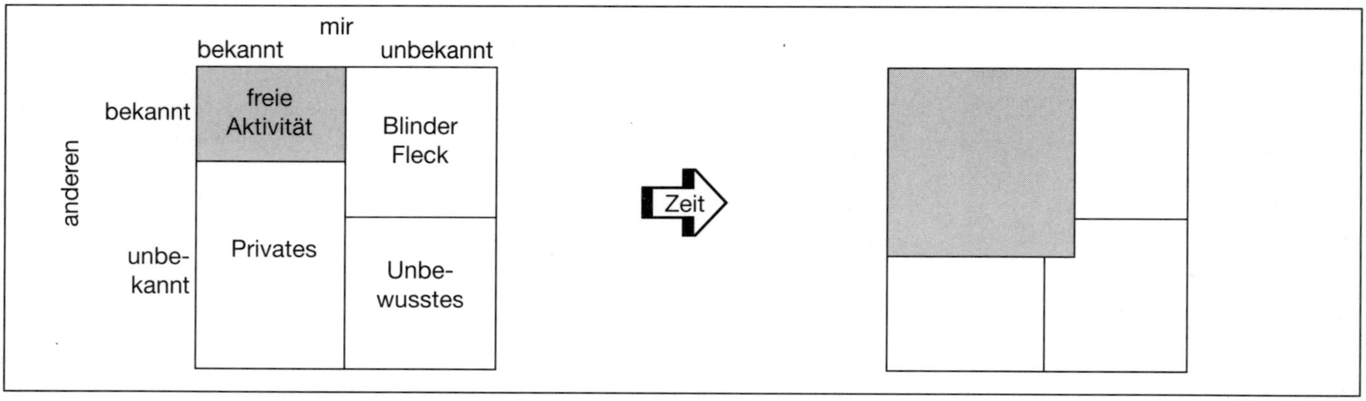

Die Abfolge von Entwicklungsstadien

Menschen kommunizieren immer. Wechselseitige Beeinflussung findet immer statt. In Gruppen nennt man das „Gruppenprozess".

Der Prozess durchläuft verschiedene Stadien:

1. Orientierung
2. Gärung und Klärung
3. Produktivität und
4. Trennung

LehrerInnen, die eine Klasse unterrichten, gehen davon aus, dass Stadium 3 eingetreten ist. Zielstrebig gehen sie daran, die Klasse produzieren zu lassen: Sie soll Meinungen äußern und Plakate beschreiben, Topflappen produzieren und im Chor singen, Rechnungen durchführen und im Atlas nachschauen usw. Natürlich gleichzeitig, aufeinander abgestimmt, ideenreich und konstruktiv. Das gemeinsame Ziel ist meist vorgegeben, von der Lehrerin, dem Lehrer.

Orientierungsphase

Die Orientierungsphase wurde am allerersten Schultag abgehakt. Fortgeschrittene LehrerInnen investieren einige Tage für ein Schulübertrittsprojekt. Doch dann geht's an die Arbeit, an die gemeinsame Sache. Was sich in der Klasse und zwischen den SchülerInnen abspielt, ist deren Kaffee. Dafür sei man auch nicht ausgebildet. Und Zeit gibt's sowieso nicht dafür.

Hilflos wird so manche/r Lehrer/in mit den Gärungsprozessen konfrontiert. Sie behindern den sachgemäßen Unterrichtsablauf. Gutmütig wird die eine

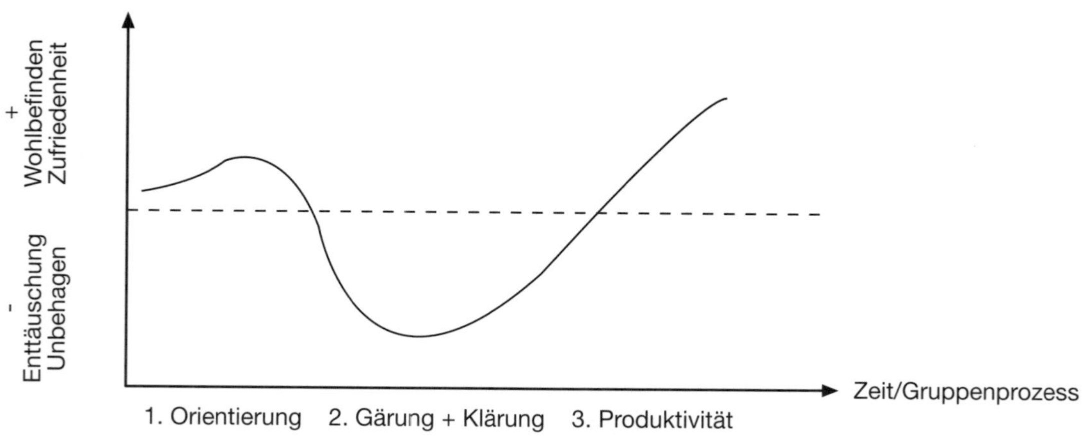

oder andere Stunde für Diskussionen und Lehrerappelle „geopfert". Enttäuscht stellt man fest, dass sich wenig ändert. Die SchülerInnen würden natürlich gerne weiterdiskutieren. Aber schließlich habe man Stoff durchzubringen.

Die einzelnen LehrerInnen, die sich doch für die Klassengemeinschaft zuständig fühlen, beklagen die mangelnde Unterstützung ihrer KollegInnen. Sie müssten alles ausbaden. Die so Angegriffenen rechtfertigen sich, dass es die KollegInnen in Deutsch oder Religion vom Fach her einfacher hätten. Was sollen sie in Mathematik oder Werken schon tun? Aber fortschrittlich, wie sie sind, lassen sie die SchülerInnen natürlich öfter auch in Kleingruppen arbeiten. Nur, was tun mit dem Außenseiter, den keiner in der Gruppe haben will?

Eine Gruppe, die miteinander zielgerichtet arbeiten soll, braucht viel Zeit zur Vorbereitung. Je mehr Mitglieder, desto mehr. Der Leistungsvorteil der Gruppe kann sich nur dann entfalten, wenn die Menschen einander gut kennen, wenn sie ihre Stärken und Schwächen realistisch einschätzen können. Das gilt es, in der Orientierungsphase herauszufinden.

Die Orientierungsphase ist ein Sammeln von einzelnen Standpunkten. Wer ist wer? Wo steht sie/er? Wie kann jede/r seinen/ihren Platz in der Gruppe finden?

Gärung und Klärung

Die zweite Phase, die der Gärung und Klärung, besteht im Ausloten von Gemeinsamkeiten und Unterschieden, von Nähen und Distanzen. Sie besteht darin, das Wir-Gefühl zu entwickeln und gemeinsame Umgangsformen festzulegen. Das geht nicht ohne Konflikte. Dadurch wird ein realistisches Gruppenselbstbild entworfen. Realistisch heißt, dass es nicht nur ein nach außen gezeigtes Bild ist, sondern auch innerhalb der Gruppe das Handeln unterstützt.

In sehr großen Gruppen ist es überlebensnotwendig für das Ganze, Untergruppen zu bilden. Sonst gehen alle Energien in den permanenten Großgruppenklärungsprozess: Stimmt unser Bild von uns selbst immer noch? Das macht die Gruppe handlungsunfähig.
Bemühte Klassenvorstände beklagen oft das Cliquenwesen in ihrer Klasse. Sie wünschen sich eine Klasse, die sich als Gemeinschaft präsentiert.

Eine lebendige Gemeinschaft von rund 30 Personen braucht die Nähe, Vertrautheit und Rückzugsmöglichkeit in überschaubare kleinere Kommunikationseinheiten. Gemeinschaftsfördernd ist es, wenn alle das Wissen um diese Subgruppen teilen und die Identität der Untergruppen auch benennen können. Genauso, wie in einem zehnköpfigen Arbeitsteam die Verschiedenheiten benannt und gleichwertig nebeneinander sein dürfen, gilt das auch für die Kleingruppen innerhalb der Gesamtgruppe. Wenn sie einander bekämpfen, zeigt das nur, dass sie an sich unerwünscht sind oder von außen (von LehrerInnen) unterschiedlich geschätzt werden.

Nur wenn die Verbindungen und trennenden Klüfte öffentlich und akzeptiert sind, kann der nächste Schritt geleistet werden.

Produktivität

Die produktive Gruppe nutzt ihren Leistungsvorteil optimal. Den hat sie bei physischen Leistungen des Tragens und Hebens in jedem Fall. Wir meinen, dass in einer Gruppe auch ein größeres Potential an Einfällen schlummert. Das ist richtig. Doch ob die Einfälle geäußert und ob sie berücksichtigt werden, das ist etwas anderes. Der Anpassungsdruck ist in Gruppen groß. (Das konnte in zahllosen Experimenten gezeigt werden.) Wer kann es sich schon leisten, neben oder gar gegen 20 andere etwas Neues zu äußern?

Wenn die heimliche oder offene Norm der Gruppe Konformität heißt, dann ist es mit dem Gruppenvorteil punkto Kreativität nicht gut bestellt.

Abhilfe kann man schaffen, wenn man zu einem Brainstorming einlädt, bei dem absolut jede Äußerung ganz ohne Wertung festgehalten wird. Erst beim zweiten Durchgang durchforstet man die Vorschläge nach Realisierungschancen.

Wir spielen alle. Wer es weiß, ist klug.

(Arthur Schnitzler)

Die Gruppe unterscheidet sich von einer Ansammlung einzelner Personen. Das Verhalten der Gruppenmitglieder spielt sich aufeinander ein:

Wenn uns Menschen in der Fußgängerzone entgegenkommen, können wir unterscheiden, ob sie sich ganz einfach zufällig am selben Ort befinden oder ob sie irgendwie zusammengehören. Diejenigen, die zusammengehören, erkennen wir daran, dass ihr Gehtempo ziemlich ähnlich ist, dass sie Blickkontakt miteinander haben, miteinander reden, einander vielleicht auch mehr oder weniger lang berühren. Sie bewegen sich in dieselbe Richtung. Und selbst, wenn einmal einer vorprescht und zwei andere länger bei einem Schaufenster verweilen, wird die Gruppe über kurz oder lang wieder näher zusammenrücken.

Vielleicht erkennen wir als entgegenkommende Beobachter sogar, wer in dieser Gruppe dominiert oder wer einfach so am Rande mitläuft.

In jeder Gruppe bilden sich nach einiger Zeit ziemlich feste Verhaltensmuster aus. Sie werden durch das Aufeinander-bezogen-Sein verfestigt: Mit der Zeit verhalte ich mich so, wie andere es von mir erwarten, und ich erwarte, dass andere sich in bestimmter Weise verhalten. Die Gewohnheit schafft dieses heimliche Regelwerk, die heimliche Regie für die gemeinsame Theateraufführung. Und jede/r übernimmt darin seine/ihre Rolle.

Jede/r erfährt sich doppelt: einmal als Individuum und einmal die soziale Bezogenheit auf andere. Jede/r hat eine personale und eine soziale Identität.

Die soziale Identität bildet sich auf drei Ebenen ab:

1. Rolle	gestaltete Beziehungsform	prozessbezogen, psychosozial
2. Position	Macht	
3. Funktion	Aufgabe	produktbezogen, inhaltlich

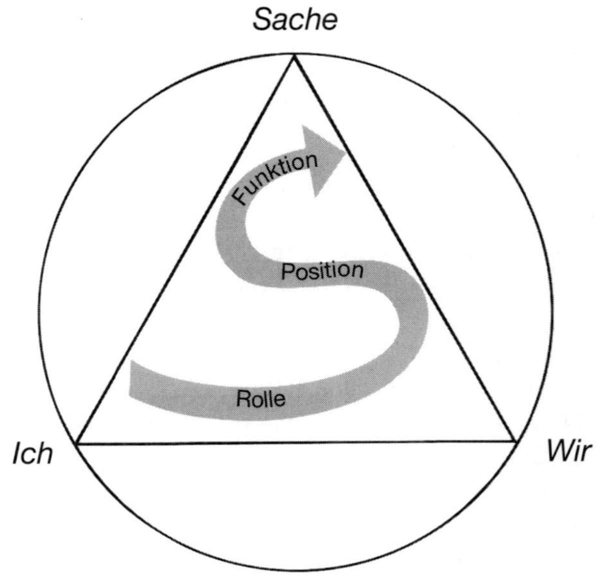

Als Mitwirkende der Theateraufführung „Die Gruppe" ist also jede/r von uns vierfach vorhanden!

1. Rolle

Das ist die einzige Regieanweisung, die mir mit Sicherheit schon aus frühester Kindheit vertraut ist.

Manche Menschen schlüpfen immer wieder in diese erste Rolle:
Wer kennt sie nicht, die Vorlaute, den Angsthasen, das Dornröschen, den Brüter, den Spitzbuben, die Verführerin, den Macho usw. Auch Vater, Mutter, Bruder und Schwester sind in jeder Gruppe zu finden. In der Klasse gibt es die braven Mädchen, die Rowdys, den Klassenkasperl, den Frechen, die Schnecke, den Streber und die Hilfsbereite usw.

Die (heimlichen) Bezeichnungen richten sich nach dem Schwerpunkt der Einzeldarstellung. Die Rollenzuschreibung charakterisiert in knapper Weise und entspricht einem Vor-Urteil (Stereotyp). Dadurch tritt die personale Identität in den Hintergrund und es wird Distanz geschaffen.
Mit der Zeit bekommt die Rollenzuschreibung und -übernahme eine Eigendynamik, sie wird zu einem Circulus vitiosus.

2. Die Position

Die Position bildet ab, welchen Platz innerhalb der Rangordnung jemand innehat, wenn es um den Besitz von Macht geht, sie zeigt, welchen Status jemand in der Gruppe hat.

Wir erinnern uns, dass es vier Quellen von Macht gibt (s. S. 40):

- Die offizielle Funktion
- das Verfügen über Machtmittel, Ressourcen (Zuwendungen, Geld, Belohnung, Bestrafung, Anerkennung, Posten)
- Expertentum
- Beliebtheit durch Sozialkompetenz

In der Klasse:
- Die offizielle Funktion: z. B. Klassensprecher, Schlüsselwart, Blumengießer etc.
- Das Verfügen über Machtmittel, Ressourcen (Geld- und andere Geschenke, abschreiben lassen, einsagen, mittun lassen bei Spielen in der Pause, bei Gruppenarbeiten etc.)
- Expertentum (Schulleistung, Sportexperte etc.)
- Beliebtheit durch Sozialkompetenz (kann zuhören, ist hilfreich, kann zwischen Lehrer/in und Klasse und zwischen SchülerInnen vermitteln, achtet auf die Besonderheit und die Bedürfnisse anderer etc.)

Über je mehr Machtquellen jemand verfügt, desto angesehener ist er/sie in der Gruppe. Auch in diesem Fall entwickelt sich ein verstärkender Prozess: Der/demjenigen wird mehr Macht zuerkannt und er/sie hat mehr Machtquellen.

Gruppendynamiker haben die Position mit der größten Macht Alpha-Position genannt und diejenige mit der geringsten Omega. Der/die Spezialist/in der Gruppe hat die Beta-Position und die Mehrheit der Gruppe die Gamma-Position inne. Die leisten einfach brav Gefolgschaft, während Alpha und Beta konkurrieren.

Für die Klassensituation besser brauchbar ist folgende Unterscheidung (sie stammt von Hanns Petillon, der in seinem Buch „Soziale Beziehungen in Schulklassen", Weinheim 1980, auch genau beschreibt, wie man das feststellen und verändern kann):

- AUSGESTOSSENE/R
- ABGELEHNTE/R
- UNBEACHTETE/R
- UNAUFFÄLLIGE/R
- ANERKANNTE/R
- BEACHTETE/R
- STAR

Wahlstatus (Beachtung) / Ablehnungsstatus	niedrig	mittel	hoch
niedrig	STAR	BEACHTETE/R	
mittel	AN-ERKANNTE/R	UNAUF-FÄLLIGE/R	AB-GELEHNTE/R
hoch	UNBEACHTETE/R		AUSGE-STOSSENE/R

Die Unterscheidung wird aus der Kombination von Beachtung und Ablehnung durch die KlassenkameradInnen gefolgert und ist mittels Soziogramm messbar.

3. Funktion

Darüber mehr im nächsten Kapitel (s. S. 66 f.). Da geht's um das Erfüllen von Aufgaben.

Auch die Klasse als Ganzes entwickelt sich als Teil eines Gesamtsystems (Schulstandort): Sie übernimmt eine Rolle, hat eine Position und eine Funktion. Aber das ist viel diffuser, weil die Zahl der insgesamt beteiligten Personen riesig ist.
Es kann interessant und hilfreich (für Veränderungen) sein, detektivisch das Klassencharakteristikum herauszufinden. (Mehr darüber beim 7. Teilziel, S. 69 ff.)

Das Verhältnis der Geschlechter
ist der unsichtbare Mittelpunkt jeder Handlung.
(Schopenhauer)

Eine Besonderheit des österreichischen Schulsystems ist es, dass die Gruppen, mit dem Schuleintritt beginnend, nach Jahrgang sortiert werden. Eine kleine Durchmischung ergibt sich nur durch das Repetieren oder besondere Ausnahmen (z. B. SchülerInnen nichtdeutscher Muttersprache).
Jahrgangsübergreifende Aktionen sind selten. Auch geschlechtshomogene Klassen sind (glücklicherweise) die Ausnahme. (Das Thema Geschlechtsspezifische Förderung sprengt den Rahmen dieses Buches.
Weitere Infos dazu beim Verein EFEU, 1030 Wien, Hetzgasse 42.)
Das Zusammenleben der Geschlechter ist – ganz alterstypisch – ein brisantes Thema der Sekundarstufe. Nur die Form, in der sich die Auseinandersetzung mit diesem Thema abspielt, ändert sich im Lauf der Jahre:

In den ersten Jahren der Volksschulzeit hatten die Kinder noch ein unkompliziertes Verhältnis zueinander, körperliche Nähe war kein Tabu. Mit der Vorpubertät – die beginnt bei den einen schon mit acht oder neun Jahren, bei anderen erst mit zwölf oder 13 – ändert sich alles: Die Mädchen und Knaben gehen auf Distanz. Sie finden einander schrecklich blöd.

Durch diese Distanzierung passiert etwas ganz Wichtiges: Sie festigen die eigene geschlechtliche Identität in Abgrenzung zur anderen. Dann wollen Mädchen und Buben nicht nebeneinander sitzen und gemeinsam in einer Arbeitsgruppe wollen sie auch nicht sein. Die körperliche Selbstbestimmung wird streng gehütet. Der wichtige Freundeskreis (oft eine Mini-Zweiergruppe) ist geschlechtshomogen.

Als nächster Entwicklungsschritt passiert maskierte Annäherung. Es wird gewitzelt und gestichelt. Man bezieht sich lauthals (infolge entsprechender Sozialisation eher die Buben) oder auch verhalten kichernd (infolge entsprechender Sozialisation eher die Mädchen) aufeinander und beobachtet gespannt die Reaktionen des anderen Geschlechts. Die natürlich nicht ausbleiben. Doch damit kann man/frau noch nicht gut umgehen. Vor allem, weil ja das eigene neue Ego erst dabei ist, sich zu entwickeln. Die große Gemeinsamkeit: Überempfindlichkeit. Die unterschiedlichen Reaktionsmuster (Rüpel- oder Igelverhalten) sind gelernt.

In der ersten Klasse (5. Schulstufe) ist meist das vorpubertäre Verhalten zu beobachten. Längstens in der zweiten, dritten Klasse ist die Pubertät voll im Gange. (Lesen Sie mehr in meinem Buch: Die Pubertät gemeinsam bewältigen, ÖBV)

Die Schulklasse der 7., 8. Schulstufe ist das Forum, in dem wichtige Klärungsarbeit passiert. Allerdings haben die LehrerInnen von dem, was sich tatsächlich abspielt, meist wenig Ahnung. Untersuchungen zeigen, dass sie völlig falsch einschätzen, wer in der Klasse „wichtig" ist.

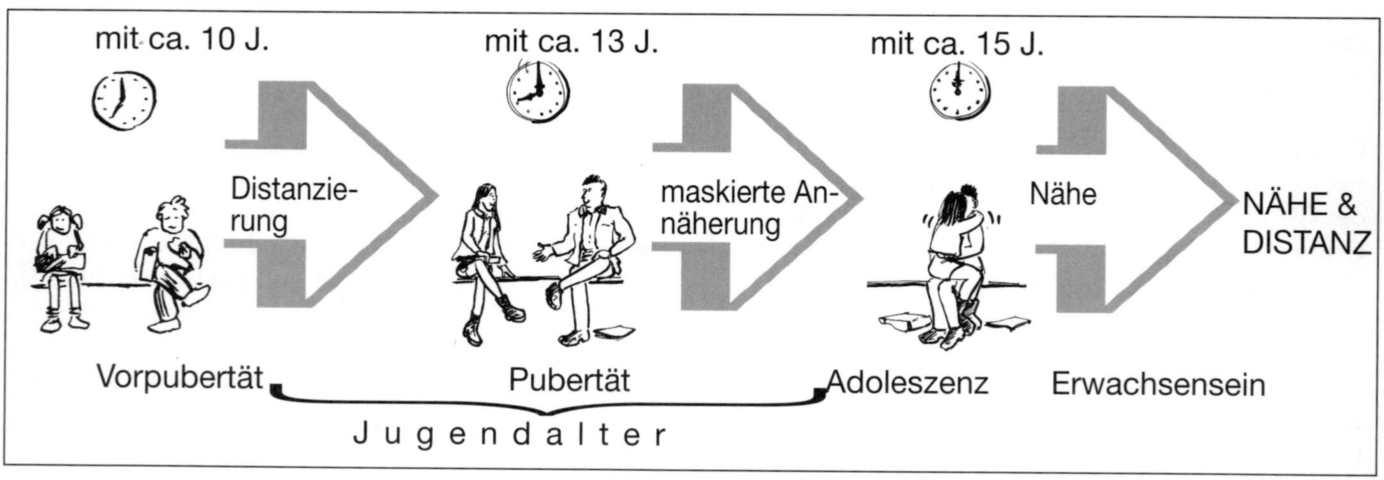

Alle SchülerInnen der Sekundarstufe sind sich über den Hauptzweck von Schule jedenfalls einig: Sie ist ein Ort der Begegnung. In Befragungen sagen die SchülerInnen, dass ihnen die Pausen und die positiven Kontakte zu den Gleichaltrigen am besten an der Schule gefallen.

Knaben erschließen aus diesen Kontakten auch ihr Selbstbild und damit ihr Selbstwertgefühl. Während die Mädchen der 5. bis 7. Schulstufe ihr Selbstvertrauen durch gute Noten und positive Interaktion mit den LehrerInnen beziehen, ist für die Knaben der Status innerhalb der eigenen Gruppe am bedeutsamsten.

Die Hackordnung wird oft handgreiflich etabliert. Aggressive Übergriffe auf Mädchen (obszöne Beschimpfungen, „Ausgreifen") lösen in jeder Lehrerin und den meisten Lehrern Beschützerinstinkte aus. Doch damit beginnt ein fataler Teufelskreis: Die Knaben fühlen sich gemaßregelt, ungerecht behandelt, weil die weiblichen (subtileren) Formen der Aggression (Taubenverhalten wie Schweigen, provokant Auslachen, Vertratschen, nichts Herborgen etc.) nicht geahndet werden. Sie rächen sich wieder auf aggressive Weise. Die Mädchen lernen durch das „schützende" LehrerInnenverhalten nicht, für sich selbst zu sorgen.

In der dritten, vierten Klasse kommt verschärfend hinzu, dass die Mädchen in ihrer Geschlechtlichkeit von älteren Knaben aus der Schule (oder außerhalb der Schule) durchaus als attraktiv wahrgenommen werden. Sie erhalten früher als die in derselben Klasse sitzende Knaben Angebote, das Feld heterosexueller Nähe zu betreten. Die 13- bis 15-jährigen Mädchen sind also nicht nur, was die Noten anlangt, im Schnitt besser, sondern auch, was die erotischen Erfolge betrifft. Die gleichaltrigen Knaben müssen eine Durststrecke durchstehen. Die Form, wie sie kompensieren, bewirkt, dass es meist auch eine arge Belastungsprobe für die Klasse und alle LehrerInnen ist.

Dieser Unterschied zwischen Mädchen und Burschen verschwindet erst gegen Ende der 5. Klasse (der 9. Schulstufe). Dann nämlich beginnt ein neues Stadium, der gemeinsame Kampf der Schulklasse: Jugend gegen Erwachsene, Jugendkultur gegen Schulnormen.

6. Teilziel
In Gruppen arbeiten

Kennen Sie folgende Situation in Arbeitsgruppen:

Zur vereinbarten Uhrzeit sind einige Personen anwesend. Zwei tratschen, eine blättert in ihrem Heft, zwei schauen erwartungsvoll drein, drei fehlen noch, vier weitere sind beschäftigt. Nachdem einige Zeit verstrichen ist, fragt eine Ungeduldige: „Sollten wir nicht anfangen?" Keine Reaktion. Ein anderer fragt: „Sag mal, was ist denn mit dem Max. Da war doch die Mutter da ..." Zwei, drei hören zu, einer mischt sich ein ...

Am Ende ist viel unerledigt, anderes wieder wurde viel zu lange zerkaut. Der Energieaufwand hält sich die Waage mit dem Gefühl der Unzufriedenheit. Aber das wird danach, irgendwo anders geäußert, beim Klatsch.

Immerhin saßen in unserem Beispiel einige LehrerInnen beisammen und hielten Klassenkonferenz. Sie hatten zumindest eine gute Absicht. Ähnlich verlaufen pädagogische Konferenzen oder Diskussionen in der Klasse. Aber oft hat nur die Person, die sie ankündigt, die gute Absicht, dass das etwas bringen soll.

Außenstehende BeobachterInnen fragen sich:

Was ist das Ziel? Wer will hier etwas Bestimmtes? Was bringen die TeilnehmerInnen mit und was davon bringen sie öffentlich ein? Wer sorgt für das Einhalten der Richtung? Wer sorgt für ein förderliches Klima? Ist jede/r in der Lage, sich einen angemessenen Platz in der Gruppe zu verschaffen? Wie steht's mit dem Einhalten von Zeitvereinbarungen? Kommt es zu verbindlichen Abmachungen oder ist das eine Plauderstunde? Wissen alle um das gemeinsame Ziel? Wie kommt es zur Entscheidung für bestimmte Themen, zur Auswahl? Was bestimmt die Zufriedenheit der TeilnehmerInnen? Mit welchen Gefühlen gehen sie weg? Dürfen öffentliche Bewertungen der gemeinsamen Arbeit Teil der Arbeit sein?

Von der (Ohn-)Macht der Verantwortlichen

Wenn jemand sich Gruppenleiter/in nennt und für seine/ihre Arbeit bezahlt wird, fühlt er/sie sich üblicherweise für all das verantwortlich. Er/sie hat ein schlechtes Gewissen, wenn die Gruppenarbeit nicht erwartungsgemäß klappt. Schließlich wird er/sie dafür bezahlt. Aber schuld sind natürlich die TeilnehmerInnen: Die waren nicht motiviert, übten Widerstand, wollten oder konnten einfach nicht …

Zufriedener macht diese Erklärung den (vermeintlich) Verantwortlichen nicht. Wer wollte nicht gern ein vorzeigbares Ergebnis erzielen?

Das nächste Mal wird alles anders. Da wird noch mehr Energie investiert.

Mit diesem guten Vorsatz wird das schlechte Gewissen beruhigt. Dieses schlechte Gewissen ist nämlich der ständige Begleiter von Personen, die kraft ihrer Funktion mit Gruppen arbeiten. Zusammen mit der Angst, der Verantwortungslosigkeit geziehen zu werden und dem pädagogischen Ethos, das in unserer Gesellschaft ständig beschworen wird, fügt es sich zum Teufelskreis von Allmachtsgefühlen und Ohnmachtserleben:

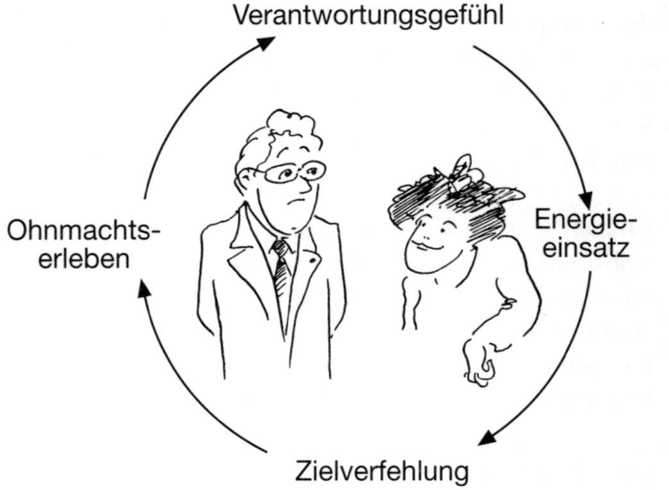

Weil uns niemand zeigt, wie man aus diesem Teufelskreis aussteigen kann, bleiben wir ewig darin gefangen.

Das wirkt sich so aus:

Pädagogischer Vertreter/in Schüler/in

Die Verantwortungstorte

Ich lade Sie ein, Ihr eigenes Verantwortungsgefühl als Lehrer/in zu testen.

Die Verantwortung für das Gesamtgeschehen in der Klasse für eine Unterrichtsstunde definiere ich als Torte. Wie groß schätzen Sie den Anteil ein, den Sie dabei haben? Wie viel Verantwortung für das Ganze haben die TeilnehmerInnen/SchülerInnen?

Markieren Sie in der Zeichnung Ihren Anteil:

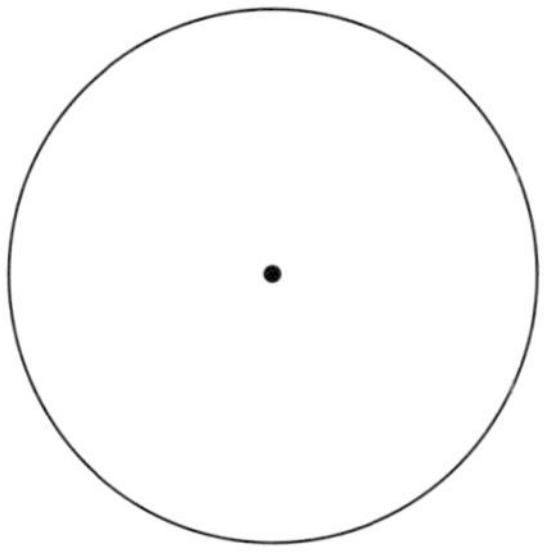

Wie ist das Verhältnis zwischen Schüler- und Lehrer-Tortenstück geraten?

Haben Sie die Botschaft verinnerlicht, dass Erwachsene für Kinder und Jugendliche zuständig sind und bezahlte Funktionsträger (LehrerInnen, GruppenleiterInnen, VertreterInnen der „Helferberufe" ganz allgemein) ganz besonders?

Dann ist Ihr Tortenstück sicher unverhältnismäßig groß geraten im Vergleich zu dem, das den anderen bleibt. Als Lehrer/in sind Sie schließlich verantwortlich:

für die Disziplin und Ordnung in der Klasse
für Ruhe
für die Arbeitsatmosphäre
für die Motivation der SchülerInnen
für das Durchhaltevermögen der SchülerInnen
für die Stoffvermittlung
für die entsprechende Aufbereitung des Stoffes
für Übungsgelegenheiten
für Auflockerungen und Entspannungsphasen
für die Klassengemeinschaft
für die Integration der Außenseiter
für ein friedvolles Miteinander
für konsequentes Vermeiden von Störungen, von Aggressionen und Konflikten
für die Gleichbehandlung von Mädchen und Buben
für die Förderung der Schwachen und besonders Begabten
für die Individualisierung der Lernangebote
für die Überprüfung des Gelernten
für eine motivierende Beurteilung der Leistungen

und … und …

Bleibt noch etwas für die SchülerInnen?

Ich vermute, das Tortenstück, das für deren Verantwortlichkeit steht, ist recht klein. Häufig sehe ich eine solche Verteilung:

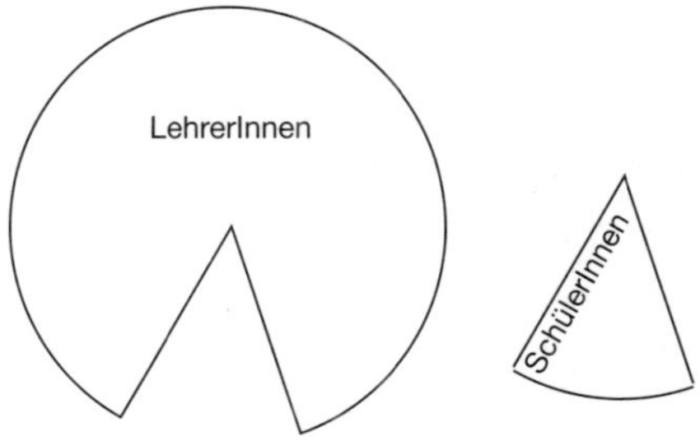

Im Schlaraffenland

Wenn ich hungrig bin und mit verführerischem Essen gefüttert werde, lehne ich mich behaglich zurück und öffne den Mund. Ich fühle mich wie im Schlaraffenland. Ich werde immer träger und träger, warte auf die nächste Fütterung und schlummere irgendwann sanft, um mich vom anstrengenden Essen zu erholen.

Wenn mir das Angebot zuwider ist, werde ich mit allen Mitteln versuchen, es zu verweigern. Wird mir das Angebot einfach hineingestopft, so werde ich es hinunterwürgen, manchmal später einfach rauskotzen.

Es könnte auch sein, dass ich denjenigen, der mir das Essen anbietet, so nett finde, dass ich aus lauter Höflichkeit zugreife. Obwohl ich satt bin oder gerade Diät mache. Obwohl mir die angebotene Speise eigentlich gar nicht schmeckt. Die Hausfrau hat sich doch so bemüht! Da kann ich doch unmöglich nein sagen. Und weil ich auch immer so liebevoll bekocht werde, brauche ich nie kochen lernen (wie geht das eigentlich?). Dazu besteht überhaupt keine Notwendigkeit.

Hausfrauen, die aussteigen aus ihrer sich selbst auferlegten Verpflichtung, täglich mindestens drei gustiöse Mahlzeiten zu servieren, erleben viel Ärger. Sie hören Vorwürfe, die ältere Frauengeneration appelliert an ihr Gewissen und niemand übernimmt die Aufgaben so perfekt wie sie. Mürbe gemacht von solchen Eindrücken fallen viele wieder in ihr altes Muster zurück und backen wieder riesige „Verantwortungskuchen". Sie haben's ja gleich gewusst, dass ohne ihr Zutun nichts klappt. Das kann ja doch niemand so gut wie sie.

Merken Sie die Falle? Was bleibt denn dann noch an Anlässen für Anerkennung, wenn ich die nicht für meine Kuchen kriege?

Diese heimliche Angst: Was passiert, wenn es die Familie/Klasse/Gruppe plötzlich ganz ohne mich und womöglich auch noch besser kann? Bin ich dann überflüssig? Worin besteht mein Wert?

Kennen Sie dieses eigenartige Gefühl als Lehrer/in oder Gruppenleiter/in? Die Gruppe handelt und tut so, als wären Sie Luft. Die machen sich ihre Unterhaltung, ihre Planung, ihre Arbeit und Sie sind absolut überflüssig!

Lassen Sie uns, aber verlassen Sie uns nicht!

In einer sechsten Klasse ging es drunter und drüber. Die LehrerInnen befanden sich ständig im Machtkampf: Wessen Bedürfnisse werden berücksichtigt, wer setzt sich durch. Man sprach von einer ununterrichtbaren Klasse. Elternabende fruchteten nichts. Auch die Autorität der Direktorin richtete nichts aus. Die Schulpsychologin wurde zu Hilfe gerufen.

Die anfängliche Bereitschaft der Klasse zur Kooperation mit mir, der Schulpsychologin, verflog rasch. Die Klasse hatte mit mir gemeinsam erarbeitet, dass es ein gewisses Gemeinschaftsgefühl gebe, beim Abschreiben und Einsagen; und besonders gegen Lehrer, die sie gängeln wollten. Doch schon als es darum ging, gemeinsam herauszufinden, was sie am meisten störe, redeten alle durcheinander. Es war gar nicht daran zu denken, halbwegs geregelt über mögliche Veränderungsvorschläge zu diskutieren. Die Wogen schlugen hoch und über mir zusammen. Ich kam mir sehr hilflos und ohnmächtig vor. Was sollte ich tun? Mich lächerlich machen, indem ich die 16-jährigen Burschen zu übertönen versuche? Mich mit den „braven" Mädchen verbünden? Was sonst?

Ich entschied, gar nichts zu tun. Ich stand am Katheder und beobachtete konzentriert das Brodeln. Ich wurde immer ruhiger. Niemand forderte etwas von mir. Ich lauschte dem klärenden Streitgespräch, das sich allmählich aus dem lauten Chaos entwickelte. Ich erlebte, dass etwas Wichtiges im Gange war. Etwas, wobei ich nicht gebraucht wurde. Daher meldete ich mich in einer kleinen Pause doch kurz zu Wort: „Ich hab den Eindruck, ich bin hier höchst überflüssig. Ihr könnt Eure Angelegenheiten auch ohne mich besprechen. Ich möchte mich nur verabschieden …"

Das Mädchen, das ich in der vergangenen Viertelstunde als konstruktive Vermittlerin zwischen den zerstrittenen Parteien erlebt hatte, reagierte als Erste: „Bitte verlassen Sie uns nicht. Sonst hören wir nämlich sofort auf zu reden." Die anderen schlossen sich ihr an.

Ich war beeindruckt. Das war meine Funktion, meine Verantwortung: Ich sollte Garant dafür sein, dass sie beim heiklen Thema blieben. Der heimliche Auftrag hatte gelautet: „Lassen Sie uns, aber verlassen Sie uns nicht."

Wie Schuppen fiel es mir von den Augen. Das ist der Kernsatz zum Thema Verantwortung!

Als es läutete, diskutierten sie immer noch heftig. Ich wollte sie nicht unterbrechen und schrieb an die Tafel, wie sehr ich ihre Eigenständigkeit bewunderte. Es wurde völlig still in der Klasse, während ich schrieb. Dann wurde ich gebeten zu sagen, was ich denn sonst noch denke von ihnen. Ich bot an, nicht über meine Gedanken, sondern einige Beobachtungen zu erzählen. Atemlos lauschten sie. Ich vereinbarte, genau das den LehrerInnen zu erzählen.

Das Ergebnis: Die LehrerInnen trauten sich zunehmend mehr, der Klasse Eigenverantwortung für das Unterrichtsgeschehen zu übertragen. Es wurde viel Projektunterricht durchgeführt. Dabei konnten die SchülerInnen ihren Wunsch nach Autonomie verwirklichen und die Machtkämpfe zwischen LehrerInnen und Klasse verschwanden.

Der Wanderpokal Verantwortung

Gut und schön, das waren 15- bis 17-jährige SchülerInnen, werden Sie jetzt vielleicht einwerfen. Aber wie geht das bei den Zehn- oder Zwölfjährigen? Die fordern meine Verantwortung geradezu. Und noch mehr deren Eltern. Vor allem in Form von Klagen darüber, was alles nicht funktioniert und was ich alles anders machen sollte. Dabei spüre ich die Verantwortung ganz stark als Last! Da würde ich sie liebend gern abgeben.

Sag mir, was ich tun soll, und ich zeig dir, wie's nicht geht.

Kennen Sie dieses Spiel? Wenn mir vorgeworfen wird, dass es wieder nicht geklappt hat, dann gebe ich liebend gern die Verantwortung aus der Hand. Und die wird weitergereicht wie ein unliebsamer Wanderpokal. Irgendwer muss ja Schuld haben: die SchülerInnen, die LehrerInnen, die Eltern, die Direktion, das System, die Medien, unsere Gesellschaft …

Wenn die SchülerInnen unmotiviert sind, sind das der schlechte Einfluss von einigen Mitschülern, die mangelnde Unterstützung daheim, die Verlockungen der Freizeitindustrie usw. So rechtfertige ich mich als Lehrer/in und gebe den Wanderpokal bei Angriffen weiter. Um ihn aber gleich morgen in der nächsten Unterrichtsstunde wieder fest in die Hand zu nehmen. Ich komme wieder mit meiner attraktiven Verantwortungstorte. Und jede/r wäre dumm, sie nicht anzunehmen.

In einem Zeitungsartikel wurde berichtet, dass Eltern die Schule klagten, weil ihr Sohn nicht genug gelernt hätte. Das nahm ich zum Anlaß, um LehrerInnen, die soeben sich selbst den Riesenanteil an der Verantwortungstorte zugemessen hatten, zu fragen: Und wenn ihr jetzt die Frage beantworten müsstet: Was könnt ihr für die nächste Unterrichtsstunde garantieren? Wofür übernehmt ihr – vor Gericht einklagbar – die Verantwortung? Betretenes Schweigen.

Welche Antwort geben Sie?

Die LehrerInnen antworteten schließlich unterschiedlich. Zum Beispiel: Ich garantiere, dass es zehn Minuten lang ruhig ist in der Klasse – während ich diktiere. Ein anderer: Ich garantiere, dass ich Stoff vortrage (egal, was passiert). Ein dritter: Ich garantiere, dass ich den SchülerInnen Übungsmaterial zur Verfügung stelle und ihr Arbeiten daran überprüfe. Die LehrerInnen achteten darauf, nur von sich selbst und dem in ihrer Macht stehenden möglichen Angebot zu sprechen.

Plötzlich wurde ihnen bewusst, wie stark die ursprüngliche lange Liste (vgl. S. 63) geschrumpft war.

Team = **T**oll, **e**in/e **a**ndere/r **m**acht's
(R. Sprenger)

Die Differenz war die Tortenattrappe, der ungeliebte Wanderpokal, die Als-ob-Verantwortung. Nach der griff in Wahrheit niemand. Jede/r konnte der Überzeugung sein, die andere/n besäßen sie.

Was Wunder, wenn niemand sich um das Einhalten von Regeln, um das Wohlbefinden, um das anregende Lernklima kümmerte!

Dafür gibt es im Alltag keine deklarierten und überprüfbaren Zuständigkeiten. Es gibt Erwachsene, die so tun, als wären sie zuständig, und beim Scheitern rei-

chen sie den Pokal rasch weiter wie eine heiße Kartoffel. Die Kinder und Jugendlichen lehnen sich bequem zurück, weil man ihnen ständig vormacht, dass sie nicht dieselben Rechte (und Pflichten) haben wie die Erwachsenen. Je nach Befindlichkeit und Alter leiden sie an diesem Zustand oder sie genießen ihn.

Das Verantwortungsvakuum wird gefüllt mit Chaos. In der Schule nennen wir es auch Disziplinprobleme oder Verhaltensstörungen.

Je mehr Personen in einer Gruppe sind, desto eher verlässt sich eine/r auf den/die andere/n. Paradoxerweise – aus Höflichkeit? Bescheidenheit? – bleiben umso eher Tortenstücke über, je mehr potentielle EsserInnen es gibt. Dieser Rest vergammelt, zerbröselt, wird Vogelfutter. Der Gruppe kommt es nicht zugute.

Es ist hilfreich, wenn im Orientierungsstadium der Klasse der/die Lehrer/in eindeutig und klar die Hauptverantwortung trägt. Unklare Vorgaben („Ich bin eine/r von euch", „Ich leite hier nicht, ich bin euer Kumpel") bewirken, dass in Wahrheit am Gruppenthema „Klarheit von Kontrolle und Freiheit", also am Thema „Macht", gearbeitet wird und nicht an irgendeinem Fachthema.

Durch klare Vorgaben gewinnt die Gruppe Sicherheit. Die Verlockung ist allerdings für beide Seiten groß, diese Sicherheit nie mehr in Frage zu stellen. Damit ist die Weiterentwicklung der Gruppe zum arbeitsfähigen, selbstständigen Team blockiert. Jeder Versuch der Klasse, Selbstständigkeit zu beweisen, wird im Keim erstickt:

Das riesige Tortenstücke behält der/die Lehrer/in auf dem Katheder. Wehe, wenn jemand danach greifen will; dann ist Kampf angesagt.

Die zwei Themen jeder Beziehung
- Distanz versus Nähe
- Freiheit versus Kontrolle

bestimmen also auch massiv das Geschehen innerhalb jeder Gruppe: der Klasse, der Freundesclique, der Mädchen-Buben-Konstellation, der Kleingruppe.
Das Thema Macht (= Freiheit versus Kontrolle) ist in der Schule noch mehr tabuisiert als das Distanz-Nähe-Thema. So, als wäre Macht etwas Böses.

Macht wird positiv wahrgenommen, wenn sie
- offen definiert und kontrolliert wird
- zeitlich begrenzt ist
- je nach Situation wechselt
- sich auf verschiedene Personen verteilt

Die Torte wird geteilt – Verantwortung ist teilbar

Wie geht das in der Praxis?
Zunächst muss ich offen definieren, welche Tortenstücke es gibt, welche Bereiche von Verantwortung es für das Gesamtgeschehen in der Gruppe/Klasse gibt. Es gibt notwendigerweise vier Funktionen, die zu erfüllen sind. Bei jedem Handeln als Gruppe (beim „normalen" Unterricht, bei einer Diskussion in der Klasse, bei der Partnerarbeit oder bei der Arbeit in Kleingruppen, bei der Projektarbeit, bei der Klassenkonferenz ...) sind vier Funktionen zu übernehmen. Eine fünfte ist zusätzlich hilfreich, besonders am Anfang, wenn die Gruppe sich selbst zu leiten beginnt.

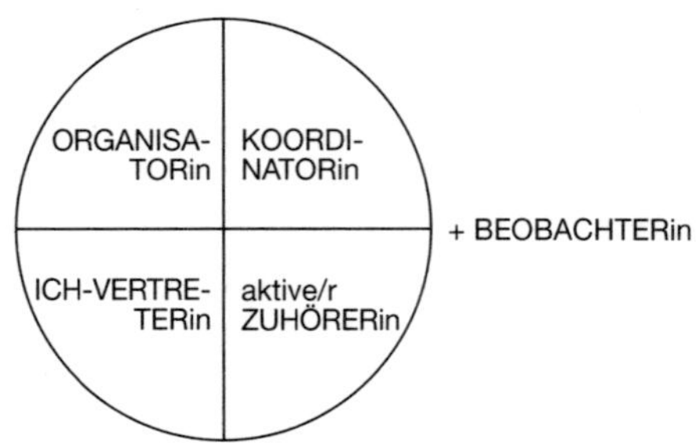

(Nähere Beschreibung bei den Übungen, s. S.102)

Im „normalen“ Frontalunterricht übernimmt der/die Lehrer/in sämtliche fünf Funktionen. Er/sie bietet eine gesamte Verantwortungs- (und Macht-)Torte an. Die SchülerInnen sind Ich-VertreterInnen. Diese können konstruktiv und zielorientiert Ideen einbringen oder auch das Gegenteil tun. Weil der/die Lehrer/in signalisiert: „Für das Gelingen bin ich verantwortlich“, ist es natürlich viel reizvoller, den entgegengesetzten Pol zu besetzen, also sich destruktiv zu verhalten, sich einfach zu unterhalten.

Der Lehrer, die Lehrerin überfordert sich und unterfordert die SchülerInnen.

Demokratisch, gerechter und spannender wird es dann, wenn Verantwortung gemeinsam geteilt wird.

Dann schaut das Ergebnis so aus: Der/die Lehrer/in zieht sich im Idealfall auf die Ich-Vertretungs-Funktion, für die auch viele andere Personen zuständig sind, und auf die Beobachtungsfunktion zurück.

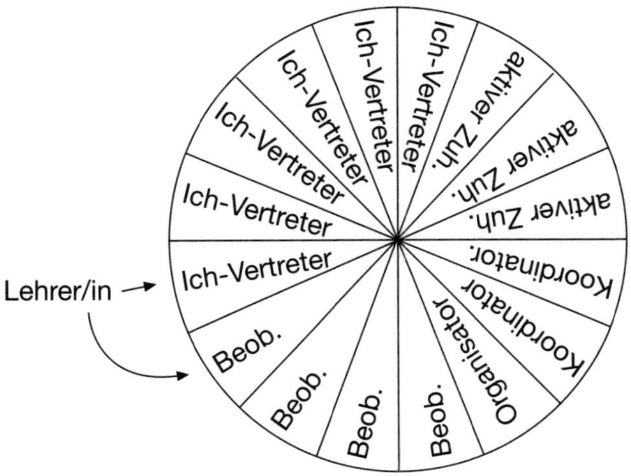

Dazu ist ein Klärungsprozess erforderlich: Wer erklärt sich wofür als zuständig? Wie überprüfen wir das Einhalten?

Das optimale Ergebnis ist nach vielen Übungsschritten (s. S. 102) erreicht, wenn alle wissen, wer gerade wofür zuständig ist und wenn diese Zuständigkeiten häufig und nach Wunsch wechseln.
Weil Unterricht ein sehr komplexes Geschehen ist, kann man bei der Aufteilung nach verschiedenen Gesichtspunkten vorgehen:

- Zeit (für einen bestimmten Zeitraum gilt die eine bestimmte Aufteilung von Verantwortung)
- Situationen/Inhalte (für bestimmte Inhalte gilt eine bestimmte Aufteilung)
- Personen (Verantwortung wird auf bestimmte Personen aufgeteilt)
- Funktionen (Verantwortung wird nach Funktionen definiert, für die sich wechselnd verschiedene Personen zuständig erklären)

Das könnte so ausschauen:

Franz übernimmt in den nächsten drei Geografiestunden die Organisatorenfunktion.
Susi, Alex, Martin und Klara sind für die Gestaltung der Biologiestunde zuständig.
Alle SchülerInnen üben sich in den nächsten drei Wochen in Deutsch in Aktivem Zuhören und sind Ich-VertreterInnen, der Deutschlehrer übernimmt die übrige Verantwortung.
Jede Mathematik-Stunde meldet sich jemand zum Koordinieren.

Eine Funktion für das Geschehen in der Großgruppe „Klasse“ zu übernehmen, ist eine hohe Anforderung. Daher sollte möglichst oft in der Kleingruppe geübt werden. Wenn fünf Personen als Gruppe an einem Thema arbeiten sollen, kann jede/r von ihnen eine der insgesamt fünf Funktionen übernehmen. Irgendwann können sie sich anschauen, wie es ist, wenn nur eine/r alle Funktionen übernimmt und die Übrigen „nur“ Ich-VertreterInnen sind. Ich glaube, es wird die SchülerInnen dann fatal an den „normalen“ Unterricht mit all seinen Vorzügen und Nachteilen erinnern – ein reiches Diskussionsthema.

In der Kleingruppe von fünf Personen muss jede/r noch zusätzlich Ich-VertreterIn sein, also Ideen, Material und Info liefern und seine Meinung äußern. Denn was sollte denn sonst der/die Nachbar/in koordinieren oder organisieren?

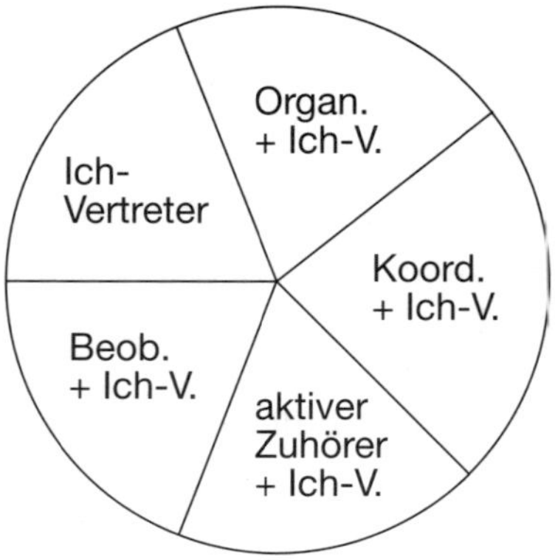

Diese tatsächliche Aufspaltung ist in der Großgruppe gut erlebbar. Plötzlich merkt der/die Koordinator/in, wie schwer es ist, Gesagtes zusammenzufassen, es merkt die/der Organisator/in, wie anstrengend es ist, für die gerechte Reihenfolge der Wortmeldungen zu sorgen, und die/der Ich-Vertreter/in merkt, wie entlastend es ist, sich nicht um das Gesamtgeschehen kümmern zu müssen.

Diejenigen, die im Konfliktfall wichtige Klärungsarbeit leisten, sind (auf der emotionalen Ebene) aktive ZuhörerInnen und (auf der inhaltlichen Ebene) KoordinatorInnen. Sie müssen das ansprechen, was unterschwellig die Arbeit behindert, z. B. dass jemand sich durch eine Äußerung sehr gekränkt fühlt oder dass unterschiedliches Tempo oder Zielvorstellungen zu wenig berücksichtigt wurden.

Statt Harmonisieren ist hilfreicher „Klartext" angesagt! Das kann bedeuten, den zu einem Gordischen Knoten verworrenen Roten Faden zu durchtrennen und die unterschiedlichen Positionen in verschiedenen Teilgruppen weiterbearbeiten zu lassen (s. dazu die Übungen S. 77 u. 94 ff.).

Es ist also viel Vorbereitungsarbeit (fünf Teilziele haben wir schon besprochen!) und viel Üben erforderlich, ehe es ohne Gefahr, eine der Enttäuschung zu erleben, losgehen kann.

Doch halt. Hier geht es nicht nur um den Erwerb von Selbst- und Sozialkompetenz, sondern auch um das Vorhandensein bestimmter Sachkompetenzen:
Vorsorglich sollten Sie noch überprüfen, ob Ihre SchülerInnen über grundlegende Arbeitstechniken verfügen. Dazu gehört etwa: frei formulieren, kommentieren, argumentieren, zusammenfassen, gliedern, notieren, exzerpieren, protokollieren, skizzieren, Informationen auffinden, technische Hilfsmittel einsetzen können usw. usw.

Nehmen wir an, Ihre SchülerInnen können das halbwegs. Sie haben sich für ein bestimmtes Lernziel als Sozialform die Kleingruppenarbeit vorgestellt. Nun sind die großen Ablaufschritte in der Stunde folgende:

1. VORBEREITUNG
Einführung in den zu bearbeitenden Lernbereich:

(welche Personen übernehmen welche Funktion; Zeitangabe, Arbeitsmittel, -weise, Erfolgskriterien)

2. ARBEITSANWEISUNG

3. VERSTÄNDNISKONTROLLE

4. ANWEISUNG ZUR GRUPPENBILDUNG

5. GRUPPENBILDUNG

6. DURCHFÜHRUNG DER GRUPPENARBEIT

7. PRÄSENTATION IM PLENUM

8. BEURTEILUNG

7. Teilziel
Die Zusammenarbeit beurteilen

Der junge griechische Held Pelops hat sich in die schöne Tochter des reichen Oenomaos verliebt. Er will sie heiraten. Doch Oenomaos will seine Tochter nur demjenigen zum Mann geben, der ihn in einem Wagenrennen besiegt.

Pelops möchte auf jeden Fall gewinnen. Er greift zu einer List: Heimlich ersetzt er den bronzenen Nagel, mit dem die Radnabe befestigt ist, durch einen wächsernen. Oenomaos kommt grässlich zu Sturz, Pelops gewinnt das Rennen.

Pelops hat sein Ziel erreicht. Er heiratet das schöne Mädchen.

Doch die Götter belegen ihn und sein Geschlecht mit einem Fluch. Denn sie legen andere Maßstäbe an.

Das Ziel erreichen – und dann?

In der Schule geht es produktorientiert zu.

Mit Rotstift werden in schriftlichen Arbeiten falsche Buchstaben oder Zahlen korrigiert und mahnende Auslassungszeichen gemacht. Fehlstunden und nicht erbrachte Leistungen werden registriert. Diese Mängelanalyse und Bedarfsfeststellungen münden in einer Note.

In völliger Fehleinschätzung sind viele SchülerInnen am Ende des Schuljahres über diese Rückmeldung in Zeugnisform überrascht.

Auch ihre Eltern haben doch erlebt, wie sie sich angestrengt, wie oft sie zu Hause gebüffelt haben. Zählt das alles nichts? Was sind die Maßstäbe, nach denen beurteilt wird? Werden sie bloß an das überprüfbare Produkt angelegt? Dass der Franzi jede Stunde so oft aufgezeigt hat, aber einfach nicht drangenommen wurde, kann doch nicht seine Schuld sein? Für seine Verhältnisse hat er heuer doch sogar große Fortschritte gemacht. Und mit dem Nachbarn, dem Beamtensohn, bei dem die Mutter zu Hause sein kann, kann man ihn doch nicht vergleichen?

Beurteilen ist ein schwieriges und komplexes Thema. Die Beurteilung einer Gruppenarbeit ist heikel. Daher entschließen sich LehrerInnen häufig dazu, sie sein zu lassen und durch die Produktpräsentation zu ersetzen.

Anödend wird dann Plakat für Plakat hergezeigt und stotternd vorgelesen. Die SchülerInnen scheinen sich für die Herstellung des Produkts restlos verausgabt zu haben. Für das interessierte Lauschen ist keine Energie mehr übrig.
So mimt die gutmütige Lehrerin, der pflichteifrige Lehrer als einzige/r unendlich währende Neugier. In Wahrheit findet er/sie es mindestens so anstrengend wie die SchülerInnen. Doch er/sie bleibt wenigstens durch das Wahrnehmen seiner Verantwortung als Multifunktionär/in wach.

Hat er es immer noch nicht an eine/n der SchülerInnen delegiert, Störungen anzusprechen, „anwaltlich" in einer Ich-Botschaft für sich um Gehör zu bitten und einfach vorher nicht weiterzureden? Gibt es keine Aktive Zuhörerin, keinen Aktiven Zuhörer unter den SchülerInnen, die oder der das stellvertretend für besonders schüchterne KollegInnen tut? Die nicht „Ruhe!" schreien, sondern dem vergeblich sich Gehör verschaffen Wollenden sagen: „Jetzt ärgerst du dich, weil sich niemand für das, was ihr erarbeitet habt, interessiert." Gibt es keine/n für die Organisation der Wortmeldungen verantwortlichen Schüler/in, der/die an die gemeinsam vereinbarte Regelung erinnert, dass immer nur eine/r am Wort ist?

Nein? Ihre SchülerInnen dürfen sich als Ich-VertreterInnen bequem zurücklehnen und ihrem Desinteresse nachgeben oder ihre Langeweile durch Tratschen unterbrechen?

Es kann also sein, dass sie in einem solchen Moment feststellen, dass die gesamte Klasse wieder vom Berg hinuntersteigen muss, um sich eine Weile lang in ebenem Gelände den Muskelkater wegzuwandern und neue Erfahrungen zu sammeln (z. B. Ich-Botschaften und aktiv zuhören lernen).

Blind mit Ton formen

Zwei Menschen stehen einander auf einer Wiese stumm und mit geschlossenen Augen gegenüber. Zu zweit halten sie einen Klumpen Ton in Händen. Sie zupft auf ihrer Seite mit spitzen Fingernägeln herum. Doch als er genussvoll mit allen zehn Fingern hineinkneten will, klopft sie ihm auf die Hand. Sie raufen um den Klumpen Ton.

Die zwei waren eine AHS-Lehrerin und ihr Kollege, die in derselben ersten Klasse gemeinsam Soziales Lernen durchführen wollten. Sie befanden sich auf einem viertägigen Seminar und führten eben die Übung „Blind mit Ton formen" durch.

Der Auftrag lautete: „Arbeitet zu zweit und ohne zu sprechen mit geschlossenen Augen an diesem Tonklumpen. Bestimmt gemeinsam, wann ihr aufhören wollt." (Diese Übung können Sie natürlich auch mit Ihren SchülerInnen durchführen.)

Nicht alle hatten solche Verständigungsprobleme. Einige Paare werkten sehr eifrig und zielgerichtet an Schüsseln oder abstrakteren Formen. Wieder andere gaben sich einfach dem taktilen Genuss des Knetens hin.

Im oben geschilderten Paar waren zwei sehr unterschiedliche Intentionen zusammengekommen:

Sie hatte ihr Produkt ganz genau im Kopf und wollte es auf jeden Fall durchsetzen. Er wollte anfangs auch etwas (natürlich etwas anderes) herstellen, dann aber einfach mit dem Ton spielen. Die Situation spitzte sich schlussendlich so zu, dass sie den Tonklumpen entzweirissen und jede/r nun genau das machte, was er/sie wollte.

Von Kooperation war keine Rede mehr.

Die Übung zeigt sehr schön: Wie können wir uns ohne Worte verständigen? Wie kann Kooperation trotz unterschiedlicher Vorstellungen möglich werden? Wie kann dafür gesorgt werden, dass beide zuletzt zufrieden sind?

Im Auswertungsgespräch wurde über Produktorientierung und Prozessorientierung heiß diskutiert.

Der Weg ist das Ziel

In der Schule wird bei der Beurteilung fast ausschließlich das Ergebnis, das herzeigbare, mess- und wägbare, mit roten Strichen versehbare Produkt herangezogen. An ihm wird ein Maßstab angelegt, mit dessen Hilfe LehrerInnen feststellen, was gelernt wurde.

Das wäre so, als ob man die Meter addieren wollte, die die Wanderer zurückgelegt haben. Berg 1 mit 315 erwanderten Höhenmetern plus Berg 2 mit beachtlichen 738 Höhenmetern plus Berg 3 ... Leider muss davon wieder das Hinuntergehen abgezogen werden. Bleibt unterm Strich genau Null. Die verschlungenen Pfade und Umwege, die Serpentinen und langen Geraden in der Ebene zählen leider nicht: Ein böser Scherz.

Aber manchmal scheint mir in der Schule Ähnliches zu passieren, wenn der Weg, der Lernprozess, so gar nicht Thema ist. Vor allem der Prozess des Sozialen Lernens kommt bei Präsentationen und Beurteilungen nicht vor. In die Niederungen der psychosozialen Ebene begibt man sich in der Sekundarstufe nicht gern. Das ist bestenfalls etwas für die Grundstufe.

Dabei ist so oft von Schlüsselqualifikationen die Rede. Deren Erwerb soll automatisch nebenbei funktionieren?

Was kann an einem zurückgelegten Weg tatsächlich angemessen dargestellt werden?

„Die Wanderer haben sich geplagt. Sie waren sportlich unterwegs." Sind das passende Aussagen?

Jetzt müssen wir uns dringend an die „3 B" der Wahrnehmung erinnern. Dann werden wir feststellen, dass die Sätze Bewertungen enthalten. In den Schülerjargon übersetzt, klingt ein Bericht von Ines über die Kleingruppenarbeit etwa so:

„Die drei Buben haben einfach nichts gemacht. Die waren blöd wie immer. Nur die Sonja und die Alicia waren fleißig. Die drei Trotteln haben sie ständig gestört."

Halt! War es nicht Lernziel 2, andere wahrnehmen zu lernen? Möglichst Beobachtungen zu schildern? Sollte es nicht korrekt heißen:

„Max hat zwei Minuten lang in der Nase gebohrt und in die Luft geschaut. Mohammed hat lange sein Arbeitsblatt angeschaut und dann zu Sonja gesagt: ‚Ich kenn mich nicht aus.' Sonja hat keine Antwort gegeben. Sie hat sich gemeinsam mit Alicia über das Arbeitsblatt gebeugt und leise getuschelt. Dann hat Mohammed mit Max und Alex getratscht. Alex hat Sonja am Haar gezupft. Die beiden anderen Buben haben dazu gelacht ..."

Ines hat beobachten gelernt. Sie hat exakt protokolliert und nur das wiedergegeben, was auch auf einem Film festgehalten werden könnte. Ihre Gefühle (Befindlichkeit) und ihr Urteil (Bewertung) braucht sie sich wohl kaum notieren. Die kann sie nachher wohl ex tempore wiedergeben.

Das Beobachten will gelernt sein.

Die Kleingruppenarbeit bietet sich als Lernanlass für das Beobachten-Lernen geradezu an. Schließlich müssen Beobachtungen auch noch in Worte gefasst werden.

Einfacher ist es, wenn das Beobachtungsmerkmal beschränkt wird, wenn z. B. nur ein bestimmtes Verhalten registriert werden soll. Pro Vorkommen ein Strich. So wird eine Häufigkeitsliste erstellt.

Damit kann z. B. festgestellt werden, wie oft jemand am Wort ist. Das führt immer zur (überraschenden?) Erkenntnis, dass die Mädchen wesentlich seltener am Wort sind. Was wieder Lernanlass, also Ausgangspunkt für eine neue Wanderung, sein kann.

Die Beobachtungsaufgabe muss für den/die Protokollführer/in am Anfang auf jeden Fall beschränkt sein. Er/sie soll z. B. nur eine Person, nur das Wahrnehmen einer Funktion, nur die Körpersprache, nur den Entscheidungsvorgang etc. beobachten und notieren. Das ist herausfordernd genug.

Weil es gar so brennend auf der Zunge liegt (dass auch Erwachsene es fast nie schlucken können bei Beobachtungsaufgaben), sollte eine klare Regel lauten:

Die Beobachtung zuerst, deine persönliche Meinung bitte danach und deutlich davon getrennt!

Die verschiedenen Landkarten

Fünf Menschen, die dieselbe Situation erleben, schildern sie auf fünferlei Weise. Jeder auf seine. Jeder hat auf der Wanderung seine ganz persönliche Landkarte eingesteckt. Das sollte bei jedem sich bietenden Anlass vor der Klasse wiederholt werden.

Wahrnehmung ist etwas Subjektives. Wenn wir etwas gemeinsam erleben, ist es gut, sich auch die Wahrnehmung aller Beteiligten anzuhören.

Diejenigen, die nicht die Funktion des Beobachtens hatten, sollten kurz Stellung nehmen und dabei möglichst ihre eigene Beobachtung darstellen.

Es geht also um den Austausch der inneren Bilder, der Landkarten und der verwendeten Maßstäbe. In einem vertrauensvollen Klima, in dem einander Respekt und Achtung gezollt wird, ist das leichter als bei Spannungen und Misstrauen. Umso mehr muss dann eine/r gewährleisten, dass reine Beobachtungen wiedergegeben werden und die Subjektivität betont wird.

In Summe ergibt sich aus diesem Austausch von Selbst- und Fremdbildern (Beispiel s. S. 90) ein buntes Mosaik. Für seine Herstellung sollte man sich öfter viel Zeit nehmen. Vor allem dann, wenn die Kleingruppenarbeit an einem Fachthema nur Lernanlass ist, um genau dieses Lernziel zu üben: Gruppenarbeit beurteilen.
Die Beurteilung kann also als Mosaikbild der subjektiven Eindrücke einfach stehenbleiben.

Eine andere Möglichkeit ist es, Beurteilungskriterien vorher klar zu formulieren:

Die Arbeit gilt als gelungen, wenn z. B. Folgendes zutrifft:

- Jedes Kleingruppenmitglied muss mindestens zweimal das Wort ergreifen. Oder:
- Die Sprechdauer muss auf die Geschlechter ungefähr gleich verteilt sein. Oder:
- Jede Funktion muss so wahrgenommen werden, dass es auch für den zu erkennen ist, der von der Aufteilung nichts weiß. Oder:
- Die Arbeit gilt als gelungen, wenn mindestens vier der fünf Personen nachher mit dem Ablauf (nicht mit dem Ergebnis!) zufrieden sind.

Jedes Ziel kann auf einer zweipoligen Skala „erreicht/nicht erreicht" abgehakt werden. Die Beurteilung kann sich auch als Summe mehrerer vorher genannter Ziele ergeben und aus der Punktezahl lässt sich dann eine Note errechnen.

Oft ist keine Zeit für eine ausgiebige Betrachtung der unterschiedlichen Landkarten. Doch für ein Polaroidfoto, eine Momentaufnahme, ein so genanntes „Blitzlicht" ist immer Zeit (s. Tipps dazu S. 78).

LehrerInnen beurteilen ihre Klasse

Sollte Ihr pädagogisches Ethos noch immer nicht minimiert, Ihre Verantwortungstorte also immer noch riesengroß sein, dann werden Sie manchmal das Bedürfnis haben, die Klassensituation allein beurteilen zu wollen.
Sie finden unten eine Checkliste, falls Sie wissen wollen: Wo steht meine Klasse? Was ist hier los? Was braucht sie?

Lesen Sie die Angaben von unten nach oben. Für jede zusätzliche Stufe gilt auch das darunter Stehende. Wenn Sie oben bei der Ich-Stufe gelandet sind und es trifft das meiste auf Ihre Klasse zu, heißt das, wieder ganz hinuntergehen und beim ersten Lernziel anfangen: den SchülerInnen Lernchancen geben, ein mündiges Ich zu entwickeln.

Trifft z. B. eher selten zu, was bei der Ich- oder Wir-Stufe steht, dann heißt der Lernbereich: klare Rahmenbedingungen schaffen und Lernen von Fachthemen.

Wenn Sie nicht allein die Verantwortung für eine Diagnose übernehmen wollen (Gratulation!), dann fragen Sie doch die Klasse z. B. mit dem beiliegenden anonym auszufüllenden Fragebogen (s. Kopiervorlage 3; weitere Beispiele für die Praxis s. S. 107 ff.).

Blitzlicht – Was momentan bei uns ist:

1. Das ist bei uns gut:

2. Das ist momentan meiner Meinung nach das Hauptproblem in unserer Klasse:

3. Was können Eltern tun?

4. Was können LehrerInnen tun?

5. Was kann ich, können meine MitschülerInnen zur Lösung des Problems beitragen?

Checkliste für die Klassensituation
Die Stufe gibt an, wo die nächste Wanderetappe, der nächste Lernbereich, liegt.

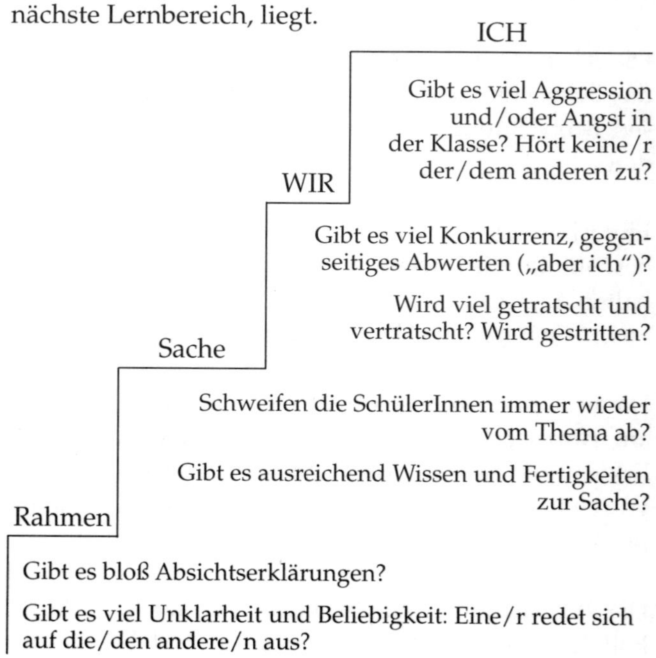

Die „gute" Gruppe

Wir alle haben Vorstellungen davon, was eine „gute" Gruppe ausmacht: Der Konsens sollte wohl groß sein. Wenn wir damit nicht Konformität meinen, sondern den Wortsinn („zusammenfühlen"), dann kommen wir der wissenschaftlich erforschten „Wahrheit" nahe.

Eine Gruppe ist nämlich so gut, wie in ihr die Fähigkeit vorhanden ist, persönliches Gefühl zum Ausdruck zu bringen. Das ist das A und O jeder Gruppe. Wenn das da ist, wird jedem Gruppenmitglied auch ein großer Verhaltensspielraum zugestanden. Die Gruppennormen erlauben das Anderssein und die Gruppenstruktur ist flexibel. Nach außen ist die „gute" Gruppe offen.
Innerhalb der Gruppe gibt es – abgestimmt auf die persönlichen Bedürfnisse – Integration. Das heißt aber: nicht Integration um jeden Preis, keine Zwangsbeglückung. Nähe und Distanz sind heikle Themen in der schwierigen Pubertätszeit!

Integration gelingt nur, wenn es heißt: Jede/r lernt an seinem/ihrem Lerngegenstand, orientiert sich in der Arbeit an den eigenen Lernzielen, braucht daher ein anderes Zeitmaß und andere Methoden als seine MitschülerInnen.

Integration bedeutet nicht: Alle tun zur selben Zeit und gleich lang dasselbe. Oft aber ist genau das das erstrebte Ziel der LehrerInnen. Sie halten es für eine wichtige Überlebensstrategie in Klassen mit 30 und mehr SchülerInnen. Dementsprechend sieht dann auch die Leistungsbeurteilung aus: Eine/r, nämlich die Lehrperson, beurteilt alle 30, ob sie diesem Ziel entsprochen haben, sowohl, was das Verhalten, als auch, was das Ergebnis anlangt.

Was Wunder, wenn das zahlenmäßige Ergebnis statistisch meist einer Normalverteilung entspricht. Das Bezugskriterium ist die Gruppe. Die Lernziele und Bewertungskriterien werden nicht im Vorhinein bekannt gemacht.

Die SchülerInnen können sich daher nur untereinander vergleichen: Wer ist unter den Besten, wer im Durchschnitt, wer hat es wieder nicht geschafft? Das führt nicht zu Kooperation und realistischer Selbsteinschätzung, sondern zu Konkurrenz und Werten.

Durch Offenes Lernen wollen LehrerInnen Abhilfe schaffen. Der/die einzelne Schüler/in bestimmt selbst die Reihenfolge und das Tempo für die Lernaufgaben. Und er oder sie erhält sofort Rückmeldung, ob die Arbeit gelungen ist.
Da diese Art von Unterricht einen enormen Zeitaufwand an Vorbereitung bedeutet, ist sie vor allem im Sekundarbereich noch nicht allzu sehr verbreitet.

In Schulklassen, die SchülerInnen mit besonderem Förderbedarf aufnehmen, muss notwendigerweise differenzierter Unterricht und individuelle Leistungsbeurteilung stattfinden. Was für die Behindertenintegration im Ansatz da und dort vorhanden ist, wird für Hochbegabte nicht überlegt. Anpassung oder Eliteschulen sind hier die Devisen.

Es ist normal, verschieden zu sein

In Ihrer Klasse sitzen 30 verschiedene Persönlichkeiten, die unterschiedlichste Voraussetzungen und Lerngeschichten mitbringen. Je stärker die Verschiedenheit sein darf, desto „besser" die Gruppe. Je inhomogener die Klassen, desto offensichtlicher ist der Bedarf, „inhomogen" zu lernen und zu arbeiten. Homogene Klassen sind pflegeleichter für LehrerInnen und langweiliger für SchülerInnen. Die schaffen sich ihre Spannungen und bieten damit auch ihren LehrerInnen Lernanlässe.

Natürlich ist es eine massive Überforderung, für 30 Individuen stets zu differenzieren. Es ist für die Psychohygiene der LehrerInnen unabdingbar, dass sie von Zeit zu Zeit die gesamte Klasse als Einheit erreichen. Und für die 30 ist es bedeutsam, Gemeinschaftserlebnisse beim Lernen zu machen. Aber es wird selten gelingen. Die SchülerInnen mit allen methodischen Mitteln (und manchmal dient sogar das Offene Lernen dazu) und dem Einsatz des gesamten pädagogischen Ethos als Einheit behandeln zu wollen, es ununterbrochen zu versuchen, ist für LehrerInnen und SchülerInnen gleichermaßen mühsam.

Wie heißt der förderliche Wegweiser? Non solum sed etiam!
Also: Je öfter Sie als Klassenlehrer/in (und gute/r Koordinator/in!) bereit sind, Gruppierungen innerhalb der Klasse zu be-/achten (Sie wissen, das geht hin bis zur „Einzelgruppe"), desto öfter haben die SchülerInnen Lust, in der Anonymität einer Großgruppe zu versinken.

Nicht die Klasse lernt in der Schule, sondern der Schüler und die Schülerin in und mit Hilfe der Klasse.

Daher ist auch die Beurteilung von Kooperation immer (auch) die Beurteilung des eigenen Bemühens, des eigenen Lernfortschritts. Die Zusammenarbeit beurteilen, fängt also bei meiner eigenen diagnostischen Kompetenz an.

Detektivisch stelle ich an mich selbst die Frage: Was war der Ausgangspunkt und was habe ich erreicht? (S. Übung S. 111.)

Und so schließt sich der Kreis. Nachdem ich schwindelnde Bergeshöhen erreicht habe, gehe ich wieder ein Weilchen in der Ich-Ebene spazieren und schaue mich um.

Denn Soziales Lernen beginnt und endet damit, mich selbst und andere differenzierter wahrzunehmen.

V. Beispiele für die Praxis

Der Mensch hat dreierlei Wege, klug zu handeln: erstens durch Nachdenken, das ist der edelste, zweitens durch Nachahmen, das ist der leichteste, und drittens durch Erfahrung, das ist der bitterste.

(Konfuzius)

Es ist wertvoll, wenn Sie sich als Klassenlehrer/in Zeit nehmen, um aktuelle Themen aufzugreifen und zu diskutieren. So bieten Sie sich als Problemlöser/in an.

Und Sie bleiben es auch.

Sie wollen doch nicht, dass Ihre SchülerInnen „Langzeitarbeitslose" in Sachen Kooperation werden?

Sie können statt sporadischer „Sozialhilfe" beständig (Sie wissen: Beständigkeit steht als ein „BE"-Wort auf dem Kompass) Lernanlässe zur Selbsthilfe anbieten.

Genau dazu dienen die hier vorgestellten Übungen. Sie sind keine Spielchen, sondern Übungen für den Alltag. Die vorgestellte Auswahl ist für die Zehn- bis Fünfzehnjährigen getestet, für ältere SchülerInnen müssen sie z. T. modifiziert werden. Es ist eine aufeinander aufbauende Auswahl, die den Theorieteil ergänzt. In der Literaturliste finden Sie brauchbare Bücher mit weiteren Beispielen. (Einzelne Übungen stammen aus diesem reichen Fundus. Sie sind für den Gebrauch in der Klasse abgeändert. Die Quelle ist nach jahrelangem Einsatz oft unbekannt.)

Der Transfer zum Alltag der Klasse sollte natürlich am wichtigsten sein. Durch die Übungen sollte keine Gegenwelt gebaut werden, die den übrigen Unterricht konterkariert.

Die Übungen sind nur ein Teil der Praxis des Sozialen Lernens. Die Praxis ist eine bunte Mischung von methodisch klar strukturierten Interaktionsübungen, kreativem Augenblicksgenuss und politischem Handeln (auch die Klasse ist eine Polis). Es geht um persönliches Wachstum und das Schaffen und Einüben von demokratischen Lebensformen.

Tipps

Anfangen

Die überlegte Vorbereitung macht den Start leicht.

Sie wissen, was Sie wollen, und genau das sagen Sie auch den SchülerInnen. Nur keine Ratespiele!

1. Was hat mich bewogen, dieses Thema auszuwählen; kurz: WAS?
2. Welches Ziel will ich anhand dieses Themas erreichen; kurz: WOZU?
3. Wie werden wir das machen; kurz: WIE?

Stellung nehmen

Sehr oft geht es darum, dass jede/r etwas sagt. Bei 30 oder mehr Personen ein mühsames Unterfangen. Versuchen Sie, so oft wie möglich, die Methoden dafür zu wechseln. Hier einige Beispiele:

Im Raum:

- Die Meinungslinie als Gerade im Raum (z. B. Raumdiagonale oder Parallele zur Tafel) denken und dort passenden Platz suchen, der die Meinung wiedergibt

- Entfernung zum Lehrersessel so wählen, dass der Standort die Nähe oder Distanz zu dem Thema angibt, für das der Sessel steht (z. B. Motivation für Physik)
- Sich zu vorher vom Lehrer, von der Lehrerin beschriebenen Plakaten oder Karten hinstellen.

Schriftlich:
- Auf einer Meinungslinie ankreuzen:
  für Emanzipation der Frau ------x------ gegen Emanzipation der Frau

Gruppenbildung

Viele Übungen sind in Partnerarbeit oder in Kleingruppen durchzuführen. Die SchülerInnen sollten möglichst rasch zusammenfinden. Dazu ein paar Vorschläge:

Paarbildung:
- Sie bereiten halb so viele Wollfäden (ca. 50 cm lang) vor, wie SchülerInnen da sind. Diese Fäden halten Sie gebündelt genau in der Mitte, sodass jetzt alle Fadenenden zu Boden zeigen. Nun soll gleichzeitig jede/r ein Fadenende fest in die Hand nehmen. Dann lassen Sie vorsichtig aus und jede/r schaut, wer sich am anderen Ende findet.

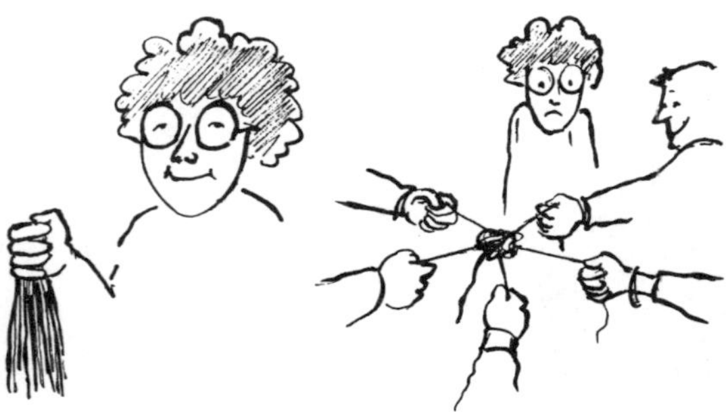

- Paare finden sich rasch, wenn in der Klasse durchgezählt wird; bis zu der Zahl, die der Hälfte der Anwesenden entspricht. Dann geht's wieder von 1 los. Schließlich gehen die zwei Personen mit der Nummer 1 zusammen, die zwei mit der Nummer 2 usw.

Kleingruppe bilden (4–6 Personen, am besten 5):

- Auch Kleingruppen können durch das Durchzählen gebildet werden. Dividieren Sie die SchülerInnenzahl durch 5. Bis zu dieser Zahl lassen Sie durchzählen, ehe wieder bei 1 begonnen wird. Dann gehen die fünf Einser, die fünf Zweier usw. zusammen.

- Zwei oder drei Paare zusammen bilden eine Kleingruppe.

- Sie schneiden eine Ansichtskarte oder Kunstpostkarte pro Kleingruppe in fünf Puzzleteile. Wichtig ist, dass die Karten sich optisch deutlich voneinander unterscheiden. Dann geben Sie jeder/m ein Puzzlestück und schon kann die Gruppenbildung beginnen.

- Sie schreiben denselben Anfang eines Kinderliedes so oft, wie TeilnehmerInnen in der Kleingruppe sein sollen, auf ein kleines Kärtchen. Nachdem alle Kärtchen gezogen wurden, gehen die SchülerInnen ihre Lieder singend durch die Klasse und entdecken, wer dasselbe Lied singt. Die gehören zusammen.

- Sie brauchen so viele Freiwillige, wie Gruppen entstehen sollen. Diese stellen sich mit dem Gesicht zur Tafel auf. Nun gehen alle SchülerInnen, eine/r nach dem/der anderen, wortlos zu einer dieser vorne Stehenden und berührt sie irgendwie auf den Schultern, dem Kopf, dem Rücken, dem Arm … Je nachdem, wie der/die Berührte das findet, sagt er „Ja" oder „Nein". „Ja" bedeutet, dass der/diejenige hinter der/dem Berührten stehen bleibt und zu ihr/ihm in die Kleingruppe gehört. Bei einem „Nein" muss man es so lange – bei derselben oder auch bei den anderen Personen – probieren, bis man das „Ja" hört. Jede Gruppe ist mit fünf Personen „zu".

Körperübung, Entspannung

Auf den Körper wird in der Schule leicht vergessen. Und auch darauf, dass das griechische Wort für Schule („schole") übersetzt Muße heißt.

Körperübungen und Entspannungstechniken können zum Motivieren, Beruhigen, Zentrieren der Aufmerksamkeit und Auflockern eingesetzt werden. (In: H. Teml, Entspannt lernen. Veritas Verlag, haben Sie eine reichhaltige Fundgrube!) Man kann sie gut mit Musik unterstützen.
Längstens nach 20 Minuten muss die Methode gewechselt werden oder eine Entspannungsübung eingeschoben werden. Die kürzeste Variante dauert eine Minute und geht so:

„Setzt euch bequem hin, beide Schuhsohlen nebeneinander auf den Boden, die Hände auf die Oberschenkel gelegt. Es ist gut, wenn ihr die Augen schließt. Nun lauscht einmal eine Minute lang, was alles zu hören ist. Niemand spricht. Aber ihr hört vielleicht den Straßenlärm, etwas aus der Nebenklasse, das Summen der Heizung usw. Lauscht einmal! Los!"

Für SchülerInnen, die ein ganz massives Rede- und Bewegungsbedürfnis haben (das trifft auf die ersten Klassen zu), kann eine gegenteilige Übung genauso wichtig sein:
„Ihr dürft eine Minute lang herumgehen und mit jeder/m reden; ihr dürft auch schreien, alle gleichzeitig und durcheinander – aber nur genau eine Minute lang. Dann müssen wir wieder konzentriert arbeiten. Los!"

Präsentation

Auf keinen Fall kann es schaden, die von den Kleingruppen meist schriftlich oder zeichnerisch gestaltete Informationen auf unterschiedliche Weisen präsentieren zu lassen. Dazu einige Ideen in Stichworten:

- Plakate werden aufgehängt. Nach einem Rundgang macht jede Gruppe über jedes Plakat mindestens eine positive Feststellung.

- Jede Gruppe erhält das fertige Plakat einer anderen und erarbeitet daraus mindestens eine Prüfungsfrage.

- Es werden „Verschnittgruppen" gebildet, in der sich ein/e Teilnehmer/in aus jeder ursprünglichen Arbeitsgruppe befindet und über die Ergebnisse berichtet.

- Jede Arbeitsgruppe stellt an zwei andere Gruppen je eine Frage, die gleich beantwortet wird.

- Aus jeder Arbeitsgruppe kommt ein/e Vertreter/in in das „Parlament", einen Sesselkreis, um den sich alle anderen in einem zweiten scharen. Letztere sind nun als „WählerInnen" reine BeobachterInnen. Die „VolksvertreterInnen" müssen sich anhand ihrer Arbeitsgruppenplakate auf eine gemeinsame Aussage einigen. Ein zusätzlicher freier Sessel schafft die Möglichkeit, als „unzufriedene/r Wähler/in" kurz in das Parlament zu gehen und eine Meinung zu deponieren. Mitdiskutieren ist allerdings nicht gestattet. Der/die Wähler/in geht gleich wieder auf seinen/ihren Platz im Außenkreis zurück. Für diese Diskussion sind 20 Minuten vorgesehen.

- Hat es nur zwei große Arbeitsgruppen gegeben, die genau entgegengesetzte Pole zu einem Thema repräsentieren, dann kann die Präsentation durch die Konfrontation je einer/s Vertreter/s/in der Gruppen, die vorher getauscht haben (Proponententausch), geschehen (Beispiel zu Tauben und Falken s. S. 94).

Auswertung von Übungen

Aus lauter Ehrfurcht vor ExpertInnen trauen sich LehrerInnen nicht zu, Übungen auszuwerten: Man könnte sozusagen eine unterirdische Mine lostreten. Und was dann? SchülerInnen schützen sich selbst sehr gut. Durch die Übungen wird ihnen Mut gemacht, etwas Neues kennen zu lernen.

Für Vorsichtige ein Dreistufenplan:

Stufe 1 signalisiert große Zurückhaltung.
Drei Auswertungsfragen passen immer:

1. Wie ist es dir/euch ergangen mit der Übung? Wie hat sie dir/euch gefallen?
2. Was ist dir/euch aufgefallen?
3. Will noch jemand etwas sagen oder fragen?

Stufe 2 gilt, wenn der Transfer auf andere Alltagssituationen in und außerhalb der Klasse wichtig scheint:

4. Gilt das, was du/ihr bei der Übung erlebt hast/habt, auch sonst?
5. Wie ist das bei uns in der Klasse?

Stufe 3 gilt, wenn ein sofortiger Transfer auf eine aktuelle Klassensituation angezeigt ist und Handlungsbedarf besteht:

6. Wie kann das Übungsergebnis auf unsere momentane Situation übertragen werden?
7. Wer tut künftig was mit wem wann und wozu? Aus den Antworten wird auf einem Plakat ein Zielspeicher erstellt. Nach ca. drei Wochen wird gemeinsam überprüft, was daraus geworden ist. Eingehaltene Vereinbarungen werden in den Erfolgsspeicher übertragen. Dieser wird am Ende des Semesters gemeinsam „gefeiert".

Zielspeicher				
wer?	tut was?	mit wem?	wann?	mit dem Ziel

Die einzige Frage, vor der Sie sich immer hüten sollten, ist die WARUM-Frage. Denn das Einzige, was Sie dann kriegen, sind Antworten.

Übrigens können Sie die Übungen genauso ohne Auswertung abschließen.
Gute Übungen wirken!

Abschluss-Blitzlicht

Zu guter Letzt oder auch am Anfang einer Stunde oder auch mitten drin, wenn Sie rasch erheben wollen, wie es Ihren SchülerInnen geht, ist ein „Blitzlicht" angesagt. Es geht dabei um eine rasche Momentaufnahme. Je kreativer die Form, desto besser:

- Jeder sagt in einem Satz, wie es ihm geht.
- Jeder sagt mit einem Bild/Symbol, möglichst in einem Wort, wie es ihm geht (z. B. als Speise, Wetterbericht).
- Jeder macht an der Tafel oder auf einem herumwandernden Zettel ein Kreuz bei einem der abgebildeten Gesichter (Smiley bis todtraurig):

- Die Ein-Punkt-Frage: Auf der Tafel (oder auf einer großen Papierfläche) werden zwei Koordinaten aufgezeichnet. Eine für das Klima, das Befinden, und die zweite für das Ergebnis, das Produkt. Vom Nullpunkt wird es nach rechts/oben zu immer positiver (s. Abb.).
  Nun markiert jede/r Schüler/in mit der Kreide (einem Stift/einem Klebepunkt) jenen Punkt im Koordinatensystem, der die eigene Position wiedergibt.
  Aus der Punktewolke lässt sich die Klassensituation auf einen Blick erkennen.

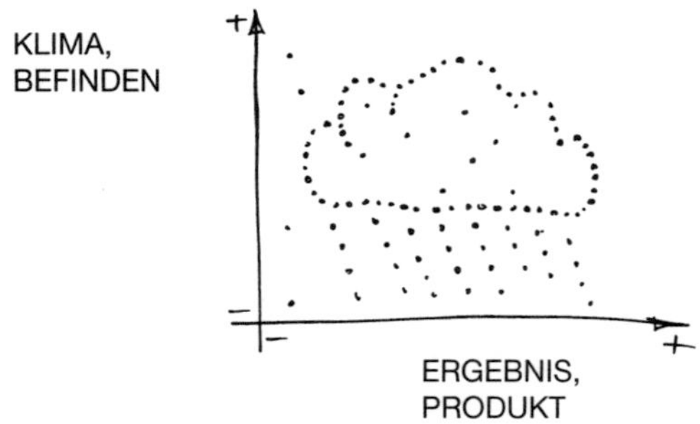

Übungen

1. Teilziel: Sich selbst wahrnehmen und angemessen darstellen

1. Übung: Mein Name

Ziel: Kennenlernen
Zeit: je nach Gruppengröße, Kontaktbereitschaft und Zeitrahmen sehr unterschiedlich; in einer Schulklasse ca. 25 Minuten

Durchführung
Alle sitzen im Sesselkreis. Wenn wir einander noch nicht kennen, ist das erste Teilziel, einander namentlich kennen zu lernen. Der Name hat sehr viel mit unserer Identität zu tun. Jede/r nennt seinen/ihren Namen und beantwortet folgende Leitfragen in einer kleinen Erzählung über die Namensgeschichte:

Wie sind deine Eltern auf den Namen gekommen?
Hat er Familientradition?
Weißt du, was er bedeutet?
Was verbindest du mit deinem Namen?
Hättest du lieber einen anderen Namen gekriegt? Welchen?
Wirst du immer mit diesem Namen genannt?
Wird der Name am Namenstag gefeiert?
Wie möchtest du in dieser Gruppe/Klasse genannt werden?

Jede/r beantwortet die Fragen so kurz oder ausführlich, wie er/sie möchte.

2. Übung: Akrostichon

Ziele: 1. einander kennen lernen
2. mich selbst als Zuhörer/in und Redner/in erleben
Zeit: ca. 30 Minuten
Material: für jede/n ein kleiner Zettel und Schreibzeug

Durchführung in drei Teilen
1. Einzelarbeit: Zettel wird ausgefüllt
2. Partnerübung in drei Schritten:
a) A ist Sprecher/in, B hört zu
b) B ist Sprecher/in, A hört zu
c) A und B sprechen über die Übung
3. Plenum: Jede/r sagt in einem Satz das Wichtigste über das Akrostichon seines/r Partner/s/in. Abschließend wird die Form der Übung ausgewertet.

1. Akrostichon heißt, dass man aus den Anfangsbuchstaben aufeinander folgender Zeilen ein sinnvolles Wort bilden kann. In unserem Fall gehen wir umgekehrt vor: „Schreib deinen Vornamen senkrecht in Großbuchstaben. Danach bilde mit jedem dieser (Anfangs-) Buchstaben irgendein Wort, das etwas mit dir zu tun hat. Hauptwörter, Eigenschaftswörter, Zeitwörter können benutzt werden. Du kannst ein Hobby, einen wichtigen Gegenstand, eine Eigenschaft oder Tätigkeit beschreiben. Das Wort muss einfach mit dem vorgegebenen Buchstaben beginnen.

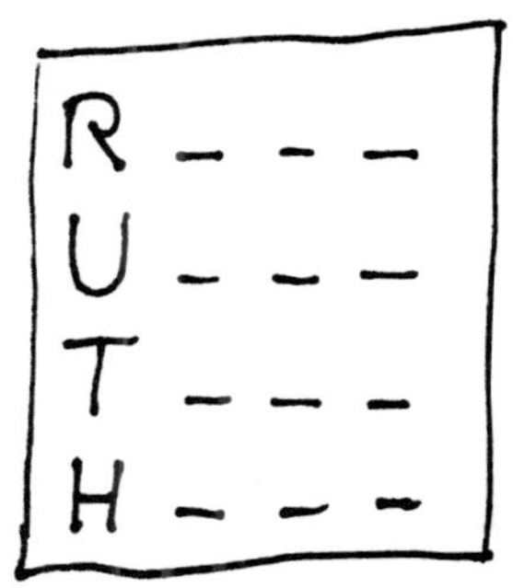

Wenn du einen sehr langen Namen oder seltene Buchstaben in deinem Namen hast, kannst du auch Buchstaben auslassen. Wichtig ist, dass du über dich berichtest."

2. Nun findet der Austausch mit einem Partner, einer Partnerin statt. Auf eine ungewöhnliche Weise: „Zuerst erzählt eine/r über sein/ihr Akrostichon und alles, was ihm/ihr dazu einfällt. Drei Minuten lang. Das Gegenüber hört stumm (!) zu. Nur durch Nicken, Lächeln, Augenkontakt ermutigt er die Sprecherin, den Sprecher. Dann erfolgt dasselbe drei Minuten lang umgekehrt: Nun redet der/diejenige, der/die zuerst zugehört hat.
In den letzten drei Minuten dieses Übungsteiles sprechen beide miteinander, wie das mit dem Zuhören und Reden war. Was von beiden angenehmer war und ob das sonst in der Schule oder in der Freizeit auch so oder ganz anders ist. Zuletzt einigt euch auf je einen Satz, der den MitschülerInnen gesagt wird."

3. Jeder sagt den vereinbarten Satz über den Partner, die Partnerin. Zuletzt wird noch die Form der Übung mit Hilfe der allgemeinen Auswertungsfragen (s. S. 78) besprochen. Es soll dabei herausgearbeitet werden, was einem Redner gut tut, wie er/sie ermutigt werden kann – auch ohne Worte. Und es soll herausgearbeitet werden, dass jeder Einwurf, jede Frage, jeder Kommentar, die Richtung des Gesprächs bestimmt und dem anderen Platz wegnimmt.

3. Übung: Gefühle und Wünsche in Ich-Botschaften verpacken

Ziel: sich selbst angemessen vertreten
Unterschied zwischen Ich-Botschaften und Kolonialisierung erkennen
Zeit: pro Teil von 10 Minuten aufwärts

Durchführung

1. Teil: Wünsche verpacken

Wenn ich ein Geschäft betrete, in dem es keine Selbstbedienung gibt, muss ich sagen, was ich möchte. Während kleine Kinder das gut können: „Ich will ein Eis", „Ich will eine Zeitung", verlernen das die Erwachsenen allmählich. Sie sagen oft, was sie nicht wollen: „Ich will, dass Sie mir nicht die Zigarren geben." Nein, so sprechen sie natürlich nicht. Aber genau so ist es, wenn mehrere Menschen beisammen sind und ein Erwachsener hat einen Wunsch.

Dann sagt sie oder er:

Ich hätte gern, dass ihr nicht mehr tratscht. (Ja, aber was sollen die SchülerInnen stattdessen tun? Das hat die Lehrerin, der Lehrer nicht gesagt.)
Ich bin der Meinung, dass die Klasse …
Ich will, dass die Eltern …

Das sind Wünsche und Meinungen andere betreffend. Die RednerInnen errichten auf anderen Kolonien. Das sind Wünsche an andere. Das ist besitzergreifend. Das ist so, als ob ich zum Verkäufer sagte: „Ich will, dass Sie jetzt drei Kilogramm Orangen abwiegen." Und kaum hat der das gemacht, könnte ich sagen, „Danke, jetzt können Sie die Orangen wieder zurückleeren." Der Verkäufer würde wohl vor Wut schäumen oder mich für irre halten. Denn er erwartet eine klare Mitteilung, was ich für mich brauche, und er entscheidet, ob er mir das gibt.

Wenn ich selbst mich und meine Wünsche nicht ernst nehme, darf ich mich nicht wundern, wenn andere es schon gar nicht tun. Wenn mir etwas sehr wichtig ist,

muss ich mich wie ein Anwalt, eine Anwältin selber vertreten:
Echte, klare Ich-Botschaften sind Hauptsätze. Sie enthalten die Botschaft knapp, auf den Punkt gebracht, auf das Wesentliche beschränkt:

Ich will Ruhe
… Rücksichtnahme
… Beachtung
… Unterstützung
… Zeit für mich

Ein Anwalt, eine Anwältin kreischt nicht anklagend oder flüstert nicht weinerlich. Das wirkt lächerlich und schwach. Er oder sie spricht ruhig und sicher, laut und deutlich.

Übe an folgenden Beispielen:

▲ Dein Name wird verhunzt.
■ Ich will …
▲ Du wirst gekitzelt oder an den Haaren gezogen.
■ Ich will …
▲ Die Gruppe lässt dich nicht mitmachen.
■ Ich will …
▲ Deine Schulsachen landen im Papierkorb, werden vom Pult runtergefegt.
■ Ich will …

Mögliche Ich-Botschaften:
Ich will nur … genannt werden.
Ich will selbst entscheiden, wer mich wie angreift.
Ich will auch dabei sein.
Ich will meine Sachen in Ordnung haben.

Meist geht es uns viel leichter von den Lippen, was wir alles nicht wollen und was andere tun oder lassen sollen. Mit ein bisschen Übung gewinnen wir Sicherheit als AnwältInnen unseres ICH.

2. Teil: Gefühle auspacken

Oft gibt es spannende Diskussionen dieser Art: Welches Auto fährt schneller? Welcher Hit ist der geilste? Warum ist die X so blöd? Wohin könnten wir auf Wandertag gehen? Warum wird die Umwelt immer kaputter und wer hat Schuld …?

Dabei geht es um harte Daten und Fakten, um Sachen.

Manchmal wird aus einem solchen Gespräch ein Streit. Dann wird zwar immer noch über Sachen geredet, aber die Stimmen werden lauter, die Gesichter röter, die Hände fuchteln mehr. Unser Körper zeigt uns, was wir nicht aussprechen: Unsere Gefühle sind ganz heftig mit dabei. Es ist fast so, als würden Ritter in glänzenden Rüstungen einander gegenüber stehen. Sie kämpfen für irgendetwas (ein Stück Land, eine Burg, ein Ritterfräulein). In Wahrheit geht es um die Frage: Bin ich stärker? Achtet mich der andere? Die Gefühle, die diese Fragen begleiten, sind gut gepanzert unter der Rüstung im Körper verborgen.

Was spricht dagegen, die Rüstung abzulegen? Sind wir dann nicht viel beweglicher, haben ein freieres Gefühl? Dann können wir den anderen spüren.

Vielleicht können wir die Rüstung auch nicht ablegen, weil uns einfach die Worte fehlen. Die Worte, die beschreiben, was sich ganz drinnen in uns abspielt. Hier ist ein kleines Lexikon dafür. (Das kann auch im Deutschunterricht erarbeitet werden.)

Du kannst bei jedem Gefühlsausdruck ankreuzen, wie oft du dieses Gefühl hast:

	oft	selten	nie
traurig			
betroffen			
neugierig			
stolz			
beeindruckt			
unsicher			
wutentbrannt			
ärgerlich			
wütend			
ängstlich			
fröhlich			
gut aufgelegt			
bedrückt			
niedergeschlagen			
betrübt			
himmelhoch jauchzend			
verletzt			
stolz			
neidig			
eifersüchtig			
verliebt			
glücklich			
besorgt			
unschlüssig			
todmüde			
minderwertig			
aufgeregt			
aggressiv			
gereizt			
ausgelaugt			
misstrauisch			
minderwertig			
verletzt			
erschöpft			
mürrisch			
energiegeladen			
tatendurstig			
herausgefordert			

Vergleiche danach deine Liste mit deiner Nachbarin, deinem Nachbarn. Wie ähnlich seid ihr euch? Hättest du das vermutet, dass die Unterschiede zwischen euch so klein/groß sind? Bist du überrascht von der Gefühlswelt deines/r Nachbar/i/n?
Ist es schwer, die eigenen Gefühle einzuschätzen? Findest du die Worte nicht auf der Liste, die deine Gefühle beschreiben?

c) Diskussion in der Kleingruppe, dann im Plenum: Was hilft mir, die Rüstung abzulegen? Habe ich dabei zu oft draufgezahlt? Habe ich erlebt, dass sich das ausgezahlt hat? Wie können wir in der Klasse dafür sorgen, dass das nicht ausgenutzt wird, wenn eine/r über sich redet? Brauchen wir dafür Vereinbarungen? Was sonst? Welche Berührungen sind angenehm? (Z. B. anerkennend auf die Schulter klopfen; mitfühlend über den Handrücken streicheln; die Hand schütteln usw.)

Wichtig für das Auswertungsgespräch: Gefühle selbst sind nicht gut oder schlecht. Ich habe sie. Sie bestimmen ganz wesentlich das Geschehen. Die Art und Weise, in der ich sie für andere sichtbar (oder hörbar, spürbar, riechbar) zum Ausdruck bringe, kann für mich und die Interaktion eher förderlich oder eher hinderlich sein.

Du kannst ankreuzen, was deinem momentanen Zustand am ehesten entspricht und kurz mit deiner/m Nachbar/i/n darüber reden. Gibt es gute und schlechte Gefühle? Kann man Gefühle erzeugen oder beeinflussen?

traurig • eifersüchtig • betroffen • verliebt • neugierig • glücklich • stolz • besorgt • beeindruckt • unschlüssig • unsicher • todmüde • wutentbrannt • minderwertig • ärgerlich • aufgeregt • wütend • aggressiv • ängstlich • gereizt • fröhlich • ausgelaugt • gut aufgelegt • misstrauisch • bedrückt • minderwertig • niedergeschlagen • verletzt • betrübt • erschöpft • himmelhoch jauchzend • mürrisch • verletzt • energiegeladen • stolz • tatendurstig • neidig • herausgefordert

Füge ein passendes Wort hinzu, wenn keines aus dieser Liste deine momentane Stimmung genau genug beschreibt.

4. Übung: Scheidung

Ziel: eigene Befindlichkeit wahrnehmen und mitteilen
Zeit: eine Schulstunde
Materialien: so viele Overhead-Folien wie Kleingruppen, Stifte

Durchführung

Jeder Schritt wird durch eine kurze Information eingeleitet, dann in der Kleingruppe 5 bis 10 Minuten lang bearbeitet und in Stichworten so auf eine Overhead-Folie geschrieben, dass alle drei Punkte dort Platz finden.

1. Wie (glaubst du) fühlt sich jemand, wenn es zwischen den Eltern kracht, wenn sie sich scheiden lassen? Zählt einige Worte auf (vielleicht kann die Liste von S. 82 zu Hilfe genommen werden):
2. Wie kann sich das auswirken? Zählt einige Vorkommnisse und Handlungen auf.
3. Welche Vorteile und welche Nachteile gibt es, wenn man nur mit einem Elternteil aufwächst? Zählt auf, so viele ihr findet.

Zu jedem Teil werden die Overhead-Folien (genauer: der zum besprochenen Punkt passende Abschnitt) der Kleingruppen präsentiert. Abschließend folgen die allgemeinen Auswertungsfragen.

Persönliche Erfahrungen

Ich habe diese Übung in einer ersten Klasse durchgeführt, in der drei Viertel der SchülerInnen Betroffene waren, die meisten davon aktuell. Doch niemand wusste vom anderen und Scheidung war kein Thema. Dabei hatte eine Schülerin einen Selbstmordversuch hinter sich und einer kotete während des Unterrichts ein, was als Darmkrankheit verschleiert wurde.

Es war den SchülerInnen eine große Hilfe, dass ich beim ersten Teil der Aufgabe extreme Beispiele für Gefühle nannte: Hass, Trauer, Freude, Erleichterung, Wut, Entsetzen usw. Und noch wichtiger war es, für den Teil 2 der Übung alle möglichen Verhaltensweisen als völlig normal darzustellen: Bettnässen, Einkoten, Mord- und Selbstmordabsichten, (Selbst-) Zerstörungshandlungen, Kontaktverweigerung, Selbstvorwürfe usw.

Dadurch konnten die SchülerInnen endlich über ihre Gefühle und Erlebnisse sprechen. Eine Schülerin „gestand" z. B., dass ihre Gesichtsverletzungen nicht von einem Unfall herrührten, wie sie bisher erzählt hatte. Sie war aus blinder Wut und Verzweiflung absichtlich durch eine geschlossene Glastür gerannt.

Die Übung erwies sich als Öffnen einer Schleuse. Was am beeindruckendsten für mich war: Die SchülerInnen kamen miteinander ins Gespräch und wirkten als gegenseitige Stütze.

Der dritte Teil diente dazu, auch positive Seiten der traumatisierenden Erfahrungen zu entdecken (Stichwort: Sonntagsvater, mehr Geschenke, Ende von unerträglichen Spannungen etc.).

2. Teilziel: Andere be-/achten und anerkennen, anderen (aktiv) zuhören

1. Übung: Differenzenübung

Ziel: Gemeinsamkeiten und Unterschiede innerhalb einer Gruppe wahrnehmen
Zeit: eine Schulstunde

Durchführung

Dieselben vier Schritte wiederholen sich mehrmals, je nach zur Verfügung stehender Zeit:
1. Standort aufsuchen
2. Erfahrungsaustausch
3. Als Gruppe eine Frage an andere formulieren
4. Abfolge von Fragen und Antworten im Plenum

Für die ersten drei Schritte sind je ca. 2 Minuten vorgesehen. Der vierte Schritt dauert bei einem Durchgang (pro Merkmal) ca. 10 – 15 Minuten.

Räumen Sie nun die Klasse so aus bzw. um, dass eine möglichst große freie Fläche entsteht. Da keine Sitzgelegenheiten vonnöten sind, eignet sich auch der Turnsaal.

Für jeden Durchgang nennt der Lehrer/die Lehrerin ein Merkmal, das innerhalb der Klasse in unterschiedlichen Ausprägungen vorhanden ist. Je größer die Klasse, desto wichtiger ist es, nicht nur zwei Merkmalsausprägungen vorzuschlagen, da sonst die Untergruppen riesig sind. Auf jeden Fall sollte je ein Platz im Raum mit einer eindeutigen Merkmalsausprägung benannt sein. Also z. B.: „Alle, die aus der Volksschule Weingartenstraße sind, stellen sich hier vor die Tafel. Alle aus der Turnergasse hier an die linke Wand. Alle vom Hofererplatz stellen sich zu der Pflanze und alle übrigen bilden eine Gruppe beim Lehrerpult."

Es ist sinnvoll, mit eher „harmlosen" Themen einzusteigen, z. B.:

- aus welchen Volksschulen die SchülerInnen gekommen sind
- regionale Herkunft
- HaustierbesitzerInnen (folgende Kleingruppen sind zu bilden: kein Haustier, mehrere Haustiere verschiedener Arten, nur Hund/e, nur Katze/n, nur Kleintier/e wie Hamster oder Meerschweinchen, nur Fische)
- Essvorlieben (z. B. Mehlspeisen, Fleisch, Junk-Food, VegetarierInnen)
- beliebteste Freizeitaktivitäten (Sportarten, Lesen, Freunde treffen, TV, Computer etc.)

Als Nächstes wird es persönlicher:

- Einstellung zum Lernen (s. Kopiervorlage 5)
- Geschwisterposition (Älteste/r, Jüngste/r, „Sandwichkind", Einzelkind)
- Zuordnung zu Tiersymbolen (Löwe, Eule, Delphin, Bernhardiner …)

Wenn die Vorgangsweise schon Routine ist und einiges Vertrauen herrscht, kann die Übung auch benutzt werden, um „heikle" Themen anzusprechen, z. B.:

- RepetentInnen/Stammklasse
- Mädchen/Burschen
- deutsche Muttersprache/nichtdeutsche Muttersprache
- Konfliktvermeider/Konfliktfreudige („Tauben/Falken")
- Schweigende/VielrednerInnen

Zu den zwei letztgenannten Themen eignet sich auch die Methode der Meinungslinie. Dabei ist eine Darstellung der Abstufungen im Raum möglich (s. S. 75).

Die Differenzenübung wird bei der fortgeschrittenen Version mit der Frage abgeschlossen, welches Kriterium sich die SchülerInnen noch anschauen möchten. Was halten sie selbst für ein ganz wichtiges Unterscheidungskriterium innerhalb der Klasse? Sie können ein Merkmal vorschlagen und schauen, ob genug KollegInnen bereit sind, ihren Standpunkt einzunehmen.

Freiwilligkeit ist oberstes Gebot! Aber allein die Tatsache, was genannt wird, enthält auch für alle eine Botschaft.

Die Durchführung in vier Schritten

1. Jede/r Schüler/in sucht sich seinen/ihren Platz. Auch wenn er/sie sich allein an einem Platz einfindet, bleibt er/sie eine Gruppe für sich. Das gilt für die Runde vier; zwischendurch – beim zweiten und dritten Schritt – kann er/sie, damit es nicht langweilig wird, bei einer beliebigen Gruppe (nur) zuhören.

2. Sobald jede/r Schüler/in sich für einen Platz entschieden hat (hilfreiche Intervention: „Es ist schwer, sich zu entscheiden. Aber es ist nicht für die Ewigkeit, nur für den Augenblick. Schau, wo du jetzt am liebsten reden und zuhören willst."), sollen alle am selben Platz Stehenden darüber reden, was sie verbindet, welche Erfahrungen sie zum genannten Merkmal (z. B. Hund als Haustier) haben. Zwei Minuten lang.

3. Nun soll jede Teilgruppe sich gemeinsam eine Frage für irgendeine andere Teilgruppe ausmachen. Die Lehrperson erinnert die Gruppen daran, auf diese Aufgabe nicht zu vergessen. Dafür gibt es wieder zwei Minuten. Auch die „Einzelpersongruppen" sollen eine Frage finden.

4. Die Gruppierungen öffnen sich zu einem großen Kreis, die Gruppenmitglieder bleiben aber nebeneinander stehen. Der Lehrer/die Lehrerin bittet eine Teilgruppe, mit ihrer Frage zu beginnen. In der gefragten Gruppe entscheidet nun jede/r einzelne, ob und was er/sie antwortet. Nun gibt es nur individuelle Antworten, die mitunter recht unterschiedlich ausfallen können.

Der/die Lehrer/in hat die besondere Aufgabe, dafür zu sorgen, dass keinerlei Diskussion entsteht: weder zwischen Fragern und Antwortenden noch innerhalb der gefragten Gruppe. Die Lehrperson ist Garant dafür, dass verschiedene Positionen, Meinungen und Erfahrungen nebeneinander stehen bleiben. Im Bedarfsfall äußert er/sie diese seine/ihre Aufgabe laut, z. B.: „Meine Aufgabe ist es, dafür zu sorgen, dass hier jeder und jede seinen bzw. ihren Platz kriegt. Jede/r von uns kann dann hören, welche Gemeinsamkeiten und welche Unterschiede es in unserer Klasse gibt."

Erst bei den fortgeschrittenen Versionen, wenn die Übung schon mehrfach durchgeführt worden ist, kann sie als Anlassfall für das Lernen von Konfliktbearbeitung dienen. In diesem Fall sind nahe liegende Fragen: „Was ist der Vorteil, der Nachteil dieser eben festgestellten Unterschiede? Wer will an einer Veränderung arbeiten? Wie könnte das ausschauen? Was brauchst du/braucht ihr dazu ...?"

2. Übung: Zwiebelschale

Ziel: miteinander in Kontakt kommen, einander kennen lernen
Zeit: beliebig, von 10 Minuten aufwärts
Material: evtl. CD oder Kassettenrekorder zur musikalischen Untermalung;
evtl. Papier und Stift für jeden

Durchführung

Die TeilnehmerInnen stellen sich in zwei konzentrischen Kreisen so auf, dass jede/r ein Visavis hat. Wenn die Raumgröße es erlaubt, können sehr große Gruppen teilnehmen, z. B. eine Klasse mit allen LehrerInnen und Eltern.

Eine/r sagt nacheinander verschiedene Aufgaben an, die immer von den einander gegenüber stehenden Paaren zu erledigen sind. Nachdem die Aufgabe erledigt ist, gehen im Außenkreis alle einen Platz nach links zum nächsten Partner weiter, und dieselbe Aufgabe wird nun mit dem neuen Gegenüber durchgeführt. Bei sehr großen Gruppen sollte die Aufgabenstellung öfter wechseln.

Mögliche Anweisungen

- Begrüßt einander ohne Worte
- Erzählt einander, wie der gestrige Tag für euch war
- Nennt euren Lieblingshit/Sänger/in
- Was ist eure liebste Jahreszeit
- Mein Lieblingsplatz zu Hause
- Die Person im Innenkreis macht eine Bewegung, die diejenige im Außenkreis als Spiegel nachmacht
- Einigt euch auf euer Lieblingsfach in der Schule
- Singt zu zweit irgendein Lied
- Setzt euch Rücken an Rücken auf den Boden und steht dann mit untergehakten Armen gemeinsam auf
- Die Person im Außenkreis führt diejenige vom Innenkreis, die die Augen schließt, kurz durch den Raum (= „Blindenspaziergang“)
- Zeichnet den Handumriss eures Gegenüber auf ein Blatt Papier und schreibt dann in diese Zeichnung eine positive Eigenschaft, die euch an dieser Person aufgefallen ist, hinein.

3. Übung: Spiegeln

Ziel: Körpersignale senden und entziffern lernen
Zeit: 10 Minuten

Durchführung

Die SchülerInnen verteilen sich zu zweit im Raum. Sie können sitzen oder stehen. Eine/r der beiden beginnt, indem er/sie die Haltung einnimmt, die ihrer/seiner momentanen Gefühlslage am ehesten entspricht. Der/die Partner/in macht genau diese Haltung nach und sagt dann, wie er/sie sich dabei fühlt.

Nun können die beiden vergleichen, wie deutlich die Körpersprache war oder wie gut die detektivische Arbeit gelungen ist.

Danach werden die Rollen getauscht und anschließend kann kurz im Plenum Rückmeldung gegeben werden.

4. Übung: Aktiv Zuhören

Ziele: sich auf andere einstellen, ihre Gefühle ansprechen, sie unterstützen und beraten
Zeit: von 20 Minuten aufwärts

Durchführung: in mehreren Stufen und Varianten

Schon in der Übung „Gefühle auspacken“ (s. S. 81) wurde dargestellt, dass die meisten Menschen Rüstungen anhaben. Damit verstecken sie ihre Gefühle. Tiere tun das nicht. Vielleicht bezeichnen Menschen deshalb die Hunde als ihre besten Freunde, weil es gut gelingt, zu verstehen, was sie fühlen und wollen.

Sie drücken das mit ihrem Körper aus, mit Hilfe der Körpersprache (s. Abb. S. 89).

Auch Menschen verfügen über eine Körpersprache. Ob wir leise flüstern oder laut brüllen, aufrecht schreiten oder bucklig schlurfen, ob wir lächeln oder die Stirne runzeln, den Kopf senken oder herausfordernd die Nase in die Höhe strecken: das alles sagt etwas über unsere Befindlichkeit, über unseren Gemütszustand aus. Die meisten Menschen können sich nicht gut verstellen. Andere wieder, deren wahre Gefühle nie jemanden wirklich interessiert haben, haben sich im Lauf ihres Lebens Masken oder eben Rüstungen für den ganzen Körper zugelegt. Damit sie nie mehr verletzt werden können. Damit niemand sieht, wie es tief drinnen in ihnen ausschaut.

Doch alles kann man nicht verbergen.

Manche Menschen haben gelernt, hinter die Fassade zu schauen. Sie merken auch die kleinsten Regungen. Das sind z. B. Detektive, VerkäuferInnen und PsychologInnen. Wer dieses Wissen dann nutzt, um dem anderen zu zeigen: „Du bist mir mit allen deinen Gefühlen wichtig“, hilft den Menschen sehr. Vor allem, wenn sie in Not sind.

Man kann das richtige Hinschauen und Hinhören also lernen. Damit hilft man nicht nur den anderen, sondern auch sich selber. Denn diese Fähigkeit kann man in vielen Lebenssituationen gebrauchen:

- Um mit anderen ein gutes Gespräch zu führen
- Um in der Schulklasse mitzumischen
- Um FreundInnen zu gewinnen
- Um eine gute Lebenspartnerschaft zu führen
- Um als Elternteil mit den eigenen Kindern gut umgehen zu können
- Um Erwachsene besser zu begreifen
- Um im Streitfall zu vermitteln
- usw.

Diese Fähigkeit heißt Aktives Zuhören. Was bedeutet Aktives Zuhören?

Es geht darum, die Körpersprache des anderen entschlüsseln zu lernen und die passenden Worte dafür zu finden. Es geht also nicht nur ums (passive) Hören, sondern auch ums Sagen.

Wenn du das Aktive Zuhören erlernen willst, lautet der erste Schritt folgendermaßen:
Beobachte eine Woche lang die Menschen, die du am besten kennst. Notiere wie ein/e Detektiv/in auf einem Zettel in zwei Spalten. Das könnte z. B. so aussehen:

1. Was du siehst (Körpersprache)	**2. Was du vermutest** (Gefühl)
runzelt die Stirn	ist nachdenklich
schreit	ist ärgerlich
haut mit der Faust auf den Tisch	ist wütend

Alle diese Beobachtungen und Vermutungen werden in der Klasse gesammelt und besprochen.

Vor dem nächsten Schritt könnte noch eine Übung das Erarbeitete festigen: Findet zur Liste von S. 82 möglichst viele Beschreibungen, woran das für Außenstehende bemerkbar ist und vergleicht miteinander.

Dann folgt ein schwieriger Schritt: Wir lernen, uns im Gespräch weniger auf das Gesagte, sondern mehr auf das Wie, eben auf die Körpersprache, zu konzentrieren. Es geht darum, detektivisch das Gefühl herauszufiltern.

Immer eine/r geht vor die Klasse und sagt ein, zwei Sätze über etwas, was er/sie erlebt hat. Die MitschülerInnen versuchen nun, einen Satz zu finden, in dem sie das Gefühl des Sprechenden benennen.

Beispiele:

■ Sprecher/in sagt.
▲ Aktive/r Zuhörer/in greift auf:

■ Die Geografiestunde war heute fad.
▲ Du hast dich heute gelangweilt.
■ Gestern hab ich den Max getroffen. Der hat mir seine Rollerblades geborgt.
▲ Das hat dich gefreut.
■ Die Susi ist eine blöde Kuh.
▲ Du hast dich über die Susi geärgert.
■ Der Physik-Test ist sicher schwer.
▲ Du bist unsicher, ob du den Test schaffen wirst.
■ Am Abend hab ich zwei Stunden für die Mathe-Schularbeit geübt.
▲ Du bist stolz, dass du so viel gearbeitet hast.

Wenn für alle klar ist, was zu tun ist, kann in kleinen Gruppen oder zu zweit geübt werden.

Wichtig ist, dass der/die aktive Zuhörer/in nicht nur die Worte hört, sondern auch gut auf die Stimme hört, die Mimik und Gestik wahrnimmt und die Körperhaltung sieht. Das alles gibt Informationen über die Gefühle der Sprechenden. Und nur darum geht es. Nur Inhalte (Physiktest, Schularbeit, Freundschaft ...) wiederzugeben, ist zu wenig („Du findest die Susi blöd."). Und gänzlich verboten ist es, eigenen Kren dazuzugeben. („Also, die Susi find ich auch blöd." Oder: „Geh, Geografie ist doch super.")

Die Indianer haben ein schönes Bild für das, worum es geht:

„Ehe du nicht einige Meilen in den Mokassins des anderen gegangen bist, kennst du ihn nicht."

Stell dir also vor, du stehst da vorn in den Schuhen des Redners, der Rednerin. Oder du sitzt an ihrem, seinem Platz. Und du nimmst jetzt die Welt ganz und gar nur mit seinen/ihren Sinnen wahr. Wie geht's dir, wenn du den entsprechenden Satz sagst?

Übrigens gibt es ein gutes Erkennungszeichen, ob das Aktive Zuhören wirklich gelungen ist: das Kopfnicken. Wenn jemand sich wirklich verstanden fühlt, wenn er/sie also wirklich genau das Gefühl hat, das genannt wurde, nickt er leicht. Das passiert völlig automatisch und heißt so viel wie: „Ja, ich fühle mich verstanden. Ich schätze dich als Gesprächspartner/in."

Wir können natürlich nur raten, was der Sprechende ausdrücken will. Je dicker die Maske oder Rüstung, desto schwieriger ist es. Wenn du beim Aktiven Zuhören nicht ganz ins Schwarze getroffen hast, wird dich dein Gegenüber sofort korrigieren. Er/sie sagt dann statt zu nicken: „Nein, die Susi hat mich nicht geärgert. Ich halte diese Frau einfach nicht aus." Damit erfährst du, dass es etwas Stärkeres und öfter Vorkommendes ist. Ein neuer Versuch zum Aktiven Zuhören könnte dann so lauten: „Die Susi ist dir völlig fremd. Die macht dich einfach wütend."

Es geht beim Aktiven Zuhören niemals darum, wie du die Dinge siehst. (Du sagst diesen Satz also auch, wenn die Susi deine beste Freundin ist.) Es geht um das Wahrnehmen, Annehmen, Achten und Beachten des anderen.

Körpersprache der Hunde

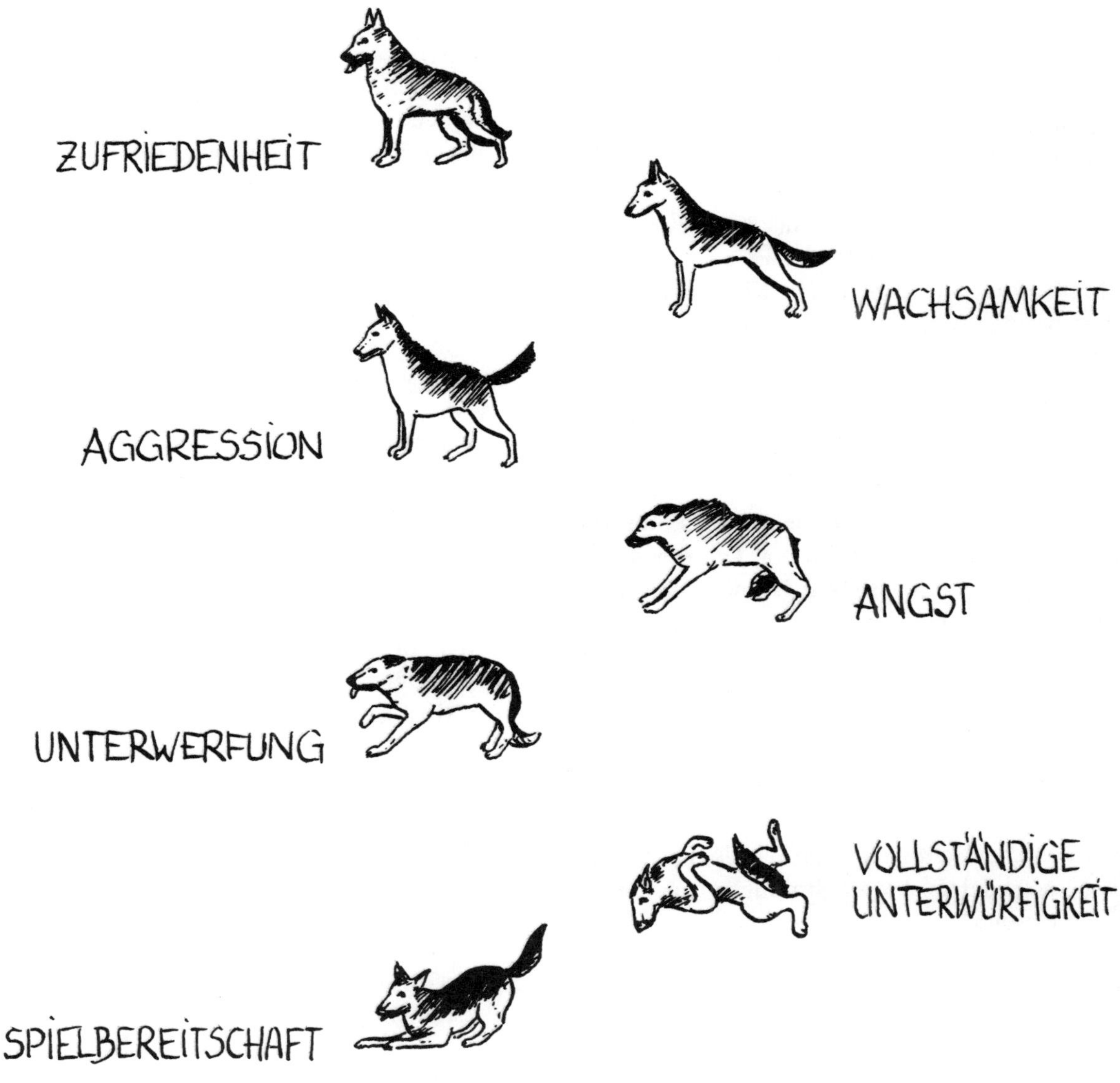

3. Teilziel: Rückmeldungen geben und empfangen, Regeln vereinbaren

1. Übung: Selbstbild-Fremdbild-Vergleich

Ziel: sich selbst einschätzen und mit Rückmeldungen vergleichen
Zeit: eine Schulstunde
Material: Papier und Schreibzeug für jede/n

Durchführung
Schreib zunächst auf die Vorderseite die Überschrift: „Wie ich mich sehe“. Nun beschreib in Stichwörtern oder kurzen Sätzen, wie du dich in dieser Klasse siehst, wie du dich hier verhältst.

Dann beschreib die Rückseite mit der Überschrift: „Wie mich die anderen sehen.“
Nun schreib dort, wie dich deine Klassenkamerad-Innen beschreiben würden. Vielleicht weißt du es nicht. Schreib deine Vermutungen auf.

Der Unterschied zwischen den beiden Beschreibungen kann winzig klein oder riesengroß sein.

Die Zettel werden alle eingesammelt. Der Lehrer/die Lehrerin zieht einen und liest ihn vor. Die Klasse soll erraten, wer gemeint ist. Wichtig ist, dass eine Meinungsäußerung immer begründet wird. Denn vielleicht passt das Gesagte trotzdem auf die Person, von der man fälschlich glaubt, dass sie es war. Der Schreiber, die Schreiberin, um den/die es gerade geht, soll also nicht allzu rasch „ja“ oder „nein“ schreien, sondern sich in Ruhe die Begründung anhören.

Nachdem der/die Richtige erraten wurde, kann noch kurz über verschiedene Wahrnehmungen zur Person gesprochen werden.

Es werden so viele Zettel gezogen, wie Zeit ist.

2. Übung: Symbolspiel

Ziel: Rückmeldungen geben und empfangen
Zeit: ab ca. 20 Minuten aufwärts

Durchführung
Ein/e Freiwillige/r meldet sich und verlässt die Klasse. Er/sie wird dann eine/n Mitschüler/in erraten.
Die Klasse einigt sich nun auf eine/n Schüler/in, der/die erraten werden muss. Beim ersten Mal soll es jemand sein, der auffällig ist und daher leicht erraten werden kann.
Nun kommt der, der raten soll, wieder herein und fragt einen nach dem anderen.
„Was wäre die Person, wenn …“

Er/sie fragt nach einer verschlüsselten, also symbolischen Auskunft. Jeder Person, die er fragt, nennt er ein neues Symbol.

Also:
Was wäre die Person, wenn sie ein Fahrzeug wäre?
Was wäre die Person, wenn sie eine Farbe wäre?
ein Möbelstück
eine Landschaft
ein Getränk
ein Material
ein Fußbodenbelag
ein Tier
eine Pflanze
ein Wetter
ein Musikstück
…

Es geht nicht darum, was die Person gern mag, sondern womit sie vergleichbar ist, wie sie ist. Eine Person, die mit einem alten Fahrrad verglichen wird, ist wohl anders als jemand, der mit einem Sportwagen verglichen wird. Holz als Fußboden oder ein weicher, flauschiger Teppich steht auch für unterschiedliche Persönlichkeitsmerkmale.

Oft ist es für den Ratenden leichter, bestimmte Personen auszuschließen, die es sicher nicht sein können. Je nach Lust und Zeit können mehrere Runden gespielt werden.

3. Übung: Zoo gründen

Ziele: Rückmeldungen geben und bekommen
Körpersprache entschlüsseln
Zeit: Teil 1: etwa 30 Minuten
Teil 2: etwa 10 Minuten

Durchführung: Es können Teil 1 und 2 oder auch nur Teil 1 durchgeführt werden.
Die Hälfte der SchülerInnen wird gebeten, sich als Akteure in einen Innenkreis zu setzen. Die anderen sitzen als BeobachterInnen außen herum, sodass jede/r einem der Akteure direkt ins Gesicht schaut. Jede/r muss genau wissen, wer wen beobachtet.

Zu beobachten ist die Körpersprache des/r zu Beobachtenden während der kommenden Aktion. Wenn Teil 2 durchgeführt wird, teilt der/die Beobachter/in anschließend in einem Vieraugengespräch der beobachteten Person mit, was er/sie gesehen hat. Es soll ausschließlich die Beobachtung (ohne Wertung) geschildert werden.
Also z. B.: „Zuerst bist du drei Minuten lang völlig bewegungslos auf dem Sessel gesessen und hast immer zur sprechenden Person Blickkontakt aufgenommen. Als Peter zu reden begann, hast du ständig Susi angeschaut. Dann hast du deinen Sessel zurückgerückt und beim Fenster hinausgeschaut und die Stirn gerunzelt. Während du über dich gesprochen hast, hast du dich vorgebeugt und mit den Händen gefuchtelt, wobei du zu Boden geschaut hast …"

Es geht also um die detektivische Beobachtung des Körperausdrucks und nicht um das gesprochene Wort.

Die im Innenkreis Sitzenden erhalten die Aufgabe, einen Zoo zu gründen. Das tut man, indem für jede/n im Innenkreis ein für sie/ihn passendes Tier gefunden werden muss. Es soll nicht äußerliche Ähnlichkeit haben, sondern dem Wesen und dem Verhalten ähneln.

Jede/r kann eine Deutung, ein Tier, natürlich ablehnen und auch selbst für sich Vorschläge machen.

Die Übung – Teil 1 – ist zu Ende, wenn für jede Person des Innenkreises ein bestimmtes Tier gefunden ist.

Daran kann Teil 2 angeschlossen werden: Der/die beobachtete Akteur/in aus dem Innenkreis hört sich von seiner/m Beobachter/in aus dem Außenkreis an, was der/die gesehen hat.

Im Plenum wird nur auf Wunsch ausgewertet.

4. Übung: Das ist bei uns so üblich

Ziel: sich der informellen Regeln bewusst werden
Zeit: etwa 30 Minuten (5 + 25) + 10 Minuten

Durchführung: Die Übung wird in drei aufeinander folgenden Schritten abgewickelt.

Zunächst füllt jede/r allein einen Zettel aus, auf dem 3 Überschriften stehen (siehe Kopiervorlage):
Die SchülerInnen sollen sich dabei vorstellen, sie würden das einem neuen Schüler, einer neuen Schülerin erklären, damit der/die sich zurechtfinden kann. Es ist nicht die offizielle Schulordnung, Hausordnung oder das, was die LehrerInnen wünschen, gemeint, sondern das, was bei den SchülerInnen gilt.
Nach 5 Minuten wird in Fünfergruppen verglichen und gesammelt.

In den letzten 10 Minuten (interessantere Präsentationsvarianten dauern u. U. länger, s. S. 77) soll ein repräsentatives Klassenergebnis erstellt werden: Wie würde die Liste ausschauen, die wir als Klasse einem Neuankömmling in die Hand drücken?

Kopiervorlage

Das ist bei uns erlaubt:

....

....

....

....

....

....

Das ist bei uns erwünscht:

....

....

....

....

....

....

Das ist bei uns verboten:

....

....

....

....

....

....

....

4. Teilziel: Konflikte bearbeiten

1. Übung: Die Kehrseite der Medaille

Ziel: Vorurteile abbauen und umdeuten lernen
Zeit: 25 Minuten
Material: Papier und Schreibzeug

Durchführung
1. Einzelarbeit
2. Kleingruppe
3. Plenum

1. Überleg dir irgendeine Eigenschaft oder Verhaltensweise, die du an dir gar nicht magst. Schreib sie dann auf die Vorderseite des Papiers. Niemand wird sehen, was du geschrieben hast. Sobald das erledigt ist, folgt der nächste Schritt: Such dir irgendeinen anderen Platz in der Klasse, nimm das Papier und den Stift dorthin mit. Stell dir nun vor, du seist eine andere Person: die beste Freundin, der beste Freund, ein Elternteil oder guter Verwandter, dein/e Lieblingslehrer/in etc. Einfach jemand, der dich ganz besonders mag. Nun liest der oder die, was du aufgeschrieben hast. Aber er/sie sieht das ganz anders: Er/sie sieht die andere Seite der Medaille. Er/sie sieht nämlich in der Verhaltensweise, die du gar nicht an dir magst, genau das Gegenteil: deine große Stärke, um die er/sie dich auch noch beneidet. Vielleicht ein bisschen verrückt? Aber er/sie schätzt dich einfach sehr.

Während du von dir geschrieben hast, dass du leider oft schlampig bist, sieht dein/e Freund/in das als Lockerheit und Großzügigkeit.

Probier also nun, diesen verrückten, ungewöhnlichen, völlig umgedrehten Standpunkt auf deinem neuen Platz einzunehmen und schreib das Ergebnis auf die Rückseite des Papiers. So siehst du jetzt die andere Seite der Medaille. Steck nun den Zettel ein.

Für diesen ersten Teil braucht man fünf Minuten.

2. Es werden Kleingruppen gebildet. Diese sammeln auf einem Papier gemeinsam mindestens drei Verhaltensweisen von MitschülerInnen, die sie unangenehm oder nervig oder arg finden. Danach soll die Gruppe aber die Medaille umdrehen und den ver-rückten Standpunkt einnehmen. Wie können die unangenehmen Handlungen nun anders, wohlwollend gesehen werden? Wie würden die Betroffenen selbst es ausdrücken? Für diese Sammlung sind 10 bis 15 Minuten Zeit.

3. Im Plenum wird alles gesammelt, was die Kleingruppen gefunden haben. Falls sich eine Gruppe schwer getan hat, können andere nun mit viel Fantasie und auch Humor weiterhelfen. Es geht darum, ungewöhnliche Sichtweisen zuzulassen und festzustellen: So kann man das auch sehen. Jede Diskussion darüber hinaus, vor allem Sätze, die mit „Aber man kann doch nicht …" beginnen, sind hier nicht angebracht.

Es geht nicht ums Handeln, sondern um die Wahrnehmung.

Im Anschluss sind einige Beispiele für Umdeutungen aufgezählt.

Jemand	
ist aggressiv	vertritt sich machtvoll
vertratscht andere	will, dass LehrerInnen informiert sind
schwätzt ständig	findet Freundschaft wichtig
provoziert	sorgt für Unterhaltung
schreibt keine Hausübung	sorgt für viel Freizeit
verspottet eine/n	nimmt den/die wichtig

2. Übung: Tauben und Falken

Ziel: erfahren, dass es unterschiedliche Weisen gibt, an Konflikte heranzugehen
Zeit: mindestens 50 Minuten
Material: 2 Plakate, Stifte

Durchführung
1. Kurzinformation zum Thema (ca. 5 Minuten)

Wir verhalten uns in Konfliktsituationen unterschiedlich, weil wir schon früh prägende Erfahrungen gemacht haben. Entweder halten wir Streiten für befreiend und gesund oder wir haben Angst davor, weil wir es als beziehungszerstörend oder trennend erlebt haben. Diese Erfahrungen schlagen sich in zwei extremen Verhaltensweisen nieder: Wir neigen dazu, Falken oder Tauben zu sein. Der Unterschied liegt im Ausmaß der (Selbst-)Kontrolle. Die Tauben sind vermeidend und kontrolliert. Sie schweigen, schlucken, halten Moralpredigten, vergessen Verpflichtungen, enttäuschen, weichen aus. Die Falken sind laut, temperamentvoll, direkt und unkontrolliert, ja sogar streitlustig.

2. Stellt euch jetzt entlang einer gedachten Raumdiagonale auf. An deren einem Ende sammeln sich die eindeutigen Falken, in der gegenüberliegenden Ecke die „Friedens"tauben. Dazwischen gibt es alle Zwischenstufen. Versucht euch jetzt zu entscheiden, obwohl euer Verhalten möglicherweise je nach Situation und beteiligten Personen verschieden ist.

(Sobald alle stehen:) Schaut euch jetzt von eurem Platz aus um, wer nahe bei euch und wer sehr weit weg ist. Wenn ihr selbst jede/n aufstellen hättet können, wären die Positionen andere? Wundert euch der Standort von irgendjemandem?
(Kurze Diskussion mit dem Ziel, Selbst- und Fremdeinschätzung nebeneinander zu stellen.)

3. Jetzt trenne ich euch künstlich in der Mitte in zwei Gruppen (das ist die Aufgabe des/r Koordinator/s/in!) und gebe folgenden Auftrag: Jede Gruppe erhält einen Bogen Packpapier und Stifte. Macht daraus ein Werbeplakat, indem ihr für eure Gruppe einen passenden Namen und ein Werbesymbol bzw. Logo draufschreibt. Sammelt auch wichtige Argumente, die für euer Konfliktverhalten sprechen. Schließlich schreibt auf die Rückseite eine Bezeichnung für die andere Gruppe. Dafür sind 20 Minuten Zeit.

4. Gruppenarbeit

5. Diejenigen, die an den zwei äußersten Enden der Raumdiagonale standen, werden zu GruppensprecherInnen bestimmt. Nun folgt aber eine Überraschung. Die beiden Personen werden eingeladen, ihre Plätze zu tauschen und sich in der jeweils „fremden" Gruppe einer „Gehirnwäsche" zu unterziehen. Das heißt, sie werden mit den Inhalten der anderen Gruppe vertraut gemacht, denn danach (nach ca. 3 Minuten) sollen sie genau diese Gruppe optimal vertreten.

6. Die beiden ProponentInnen sitzen einander gegenüber, mit den Plakaten ausgestattet, und vertreten „ihre" Gruppe in der Konfrontation. Die rundum sitzenden BeobachterInnen nehmen wahr, wie gut sie vertreten werden. Wer ist Sieger/in? Wer überzeugt mehr? (ca. 10 – 15 Minuten)

7. Auswertung: Wie habt ihr euch als SprecherInnen, als BeobachterInnen gefühlt? Was ist euch aufgefallen? (Sollte der Hinweis nicht von den SchülerInnen kommen, dann sollte der/die Lehrer/in darauf verweisen, dass sich die Körpersprache der ProponentInnen allmählich dem dargestellten Inhalt anpasst. Die begabten Falken sprechen dann oft verhalten und sind dezent in Mimik und Gestik, weil sie das Taubenverhalten verteidigen. Die Taube/der „Täuberich" preist lauter werdend und raumgreifend die Vorteile des Falkengehabes.)

3. Übung: Wir bauen einen Turm

Ziele:
- Kooperation und Konflikte in Gruppen erleben und besprechen
- Bewertung, Konkurrenz und Leistung in der Klasse, im Schulsystem thematisieren

Zeit: 5 Minuten Instruktion + Kleingruppenbildung, 30 Minuten Arbeitszeit, 15 bis 50 Minuten für die Auswertung

Material: für jede gleich große Kleingruppe (4 bis 6 Personen; „überzählige" SchülerInnen sind BeobachterInnen, die mit dem Auswertungsblatt in der Hand beobachten und Notizen machen) 3 verschiedenfarbige Bögen Naturpapier (mindestens A 3), 1 Schere, 1 Tube Klebstoff

Durchführung

1. Arbeitsanleitung: Heute wollen wir durch Werken mit vorgegebenem Material wichtige Schulthemen einmal anders aufspüren. Jede Kleingruppe hat die Aufgabe, aus den drei Papierbögen einen Turm herzustellen, der später nach drei Merkmalen beurteilt wird: Höhe, Standfestigkeit und Ideenreichtum. Zusätzliche Hilfsmittel (Bleistift, Lineal u. Ä.) sind nicht erlaubt. Ihr dürft bei der Arbeit nicht sprechen.

2. Gruppenbildung (2 Minuten)
3. Arbeit in Kleingruppen und Beobachtung (30 Minuten)
4. Auswertung in zwei Teilen, je nach zur Verfügung stehendem Zeitausmaß

4.1. Wahl der Gewinner-Gruppe (15 Minuten). Alle sind gemeinsam Jury.

4.2. Wie habe ich mich und wie habe ich die anderen in der Kleingruppe erlebt? Kenne ich Situationen, in denen es mir ähnlich/ganz anders geht? Was haben die BeobachterInnen wahrgenommen?

(Hilfreich ist dafür das beiliegende Auswertungsblatt, s. rechts.)

Wenn mehr Zeit zur Verfügung steht, kann der Transfer angesprochen werden: Wie wichtig ist mir/uns Bewertung, Konkurrenz, Kooperation? Wirkt sie motivierend, beeinträchtigend …? Welche Rolle spielten sie in unserer Kleingruppe, spielen sie in der Klasse, im Schulsystem? Woran merken wir das? Wie wollen wir es? Wie kann wer was ändern?

Auswertungsblatt für Beobachtung

Frage zur Turmbau-Übung

- Wie wurden Entscheidungen getroffen?
- Gab es ein oder mehrere Ziele?
- Wurden Funktionen aufgeteilt?
- Wie war die Stimmung?
- Übernahm jemand die Leitung?
- Wer hat die Aufgabe beendet?
- War Planen oder Probieren wichtiger?
- Was war das wichtigste Leistungskriterium (Höhe, Standfestigkeit, Ideenreichtum)?
- Was hätte sich bei Wegfall der Konkurrenz geändert?
- Wie wichtig ist Beurteilung?
- …

4. Übung: Wir Mädchen und Knaben wollen Verschiedenes

Ziel: Spannungen bzw. Konflikte zwischen Mädchen und Knaben bearbeiten
Zeit: 50 Minuten
Material: 2 bis 4 Bögen Packpapier, Stifte

Durchführung

1. Einführung zum Thema (10 Minuten):
Ihr befindet euch alle in einem Übergangsstadium zwischen Kindsein und Erwachsensein. Ihr seid keine Kinder und keine Erwachsenen. Doch niemand sagt euch, wer und was ihr genau seid. Das muss jede/r für sich selbst entdecken. Das ist manchmal großartig und lustig, manchmal anstrengend und manchmal ängstigend. Diese Phase dauert ziemlich lange. Man nennt sie Pubertät. Bis jede/r seine/ihre Einmaligkeit entdeckt hat, probiert er/sie vieles aus und oft sind das extreme Verhaltensweisen: Da gibt es den harten Macho und die wehleidige Heulsuse, den Mitläufer und die starke Emanze. Alles ist normal. Was für jede/n am besten passt, kann er/sie durch dieses Probieren herausfinden. Gegensätze krachen in Gruppen oft aufeinander. In unserer Klasse gab es in letzter Zeit ziemliche Spannungen zwischen den Mädchen und den Knaben. Ich will euch helfen, das genauer anzuschauen.

2. Zu diesem Zweck teilt euch in Knaben- und Mädchen-Gruppen auf, vielleicht schafft ihr sogar die Aufteilung in je zwei Blöcke. Jede Gruppe erhält einen Packpapierbogen und einen Stift und hat zwei Aufgaben: Schreibt die Antworten zu folgenden Fragen auf: 1. Wie geht es euch mit den anderen (Mädchen/Knaben)? Was stört euch und welche Gefühle habt ihr dabei? 2. Was wollt ihr für euch? Verboten sind verneinende Formulierungen wie „nicht", „kein" und Forderungen an die anderen, z. B.: Wir wollen, dass die Mädchen/Knaben …
(Gruppenteilung plus Instruktion ca. 5 Minuten)

3. Gruppenarbeit (20 Minuten)

4. Stellt die Ergebnisse einander vor (10 Minuten)

5. Lehrer/in fasst getrennt für Mädchen und Buben zusammen
a) die Befindlichkeit der Gruppe
b) die Wünsche
c) den Konfliktkern
und kündigt eine weitere Diskussion zum Thema in ca. drei Wochen an. (5 Minuten)

Kommentar:
Als Lehrer/in ist Ihre wichtigste Aufgabe, das konfliktfördernde Verhalten nicht aus Erwachsenensicht pädagogisch zu beurteilen oder gar zu verurteilen. Wichtig ist, dass es öffentlich benannt wird und die Gefühle, die es bei den anderen auslöst, ausgesprochen und gehört werden. Achtung: Auch Ihre Körpersprache kann klammheimlich Wertungen ausdrücken. Wenn Sie die neutrale Darstellung nicht vertreten können, dann Finger weg von dieser Übung. Dann liegt aber auch die Lösung der Probleme auf Ihren Schultern!
Weiters ist darauf zu achten, dass die Knabengruppe es schafft, Gefühle zu Papier zu bringen – hier sind alte Sozialisationsmuster durch neue zu ersetzen. Uns allen fällt es schwer, Wünsche ohne Kolonialisierungen zu äußern (s. erstes Lernziel, S. 29ff.). Sie finden hilfreiche Fragen bei der Darstellung meiner persönlichen Erfahrungen.

Persönliche Erfahrungen

Ein Klassenvorstand schildert mir eine vierte Klasse als nett und unauffällig im Unterricht. Aber in der Pause geht es rund: Aggressionen und Vandalismus seien an der Tagesordnung. Die Spaltung zwischen Mädchen und Buben mache nicht nur den LehrerInnen, sondern auch den Eltern Sorgen. Die Buben seien destruktiv und gewalttätig und schimpfen die Mädchen „Missgeburt" und „Hure". Gespräche und ein Elternabend hätten nichts gebracht.

Ich führe die Stunde durch, wie oben beschrieben. (Für die Einleitung über die Pubertät projizierte ich folgende Overhead-Folie, s. Kopiervorlage 4). Beim Plakatschreiben brauchen die männlichen Schüler massive Nachhilfe im Formulieren von Gefühlen. Noch mehr bei den Wünschen. Immer wieder formulieren sie:

„Wir wollen, dass die Mädchen nicht so beleidigt sind. Wir wollen, dass die nicht in der Tür stehen."

Kulminationspunkt für das Aneinandergeraten war nämlich die in der Pause geöffnete Klassentür. Da wollten die Knaben nach Belieben und unbehindert aus der Klasse rauslaufen, wenn sich draußen etwas Interessantes tut, und aus Raufereien mit Schulkollegen hineinflüchten können. Die Mädchen aber wollten gerade dort beieinander stehen und tratschen. Berührungen nahmen sie als körperliche Übergriffe wahr.

Den Mädchen fiel es leicht, die zwei Punkte zu Papier zu bringen: Sie fühlten sich behindert, gestört, verletzt und körperlich bedrängt sowie durch die Schimpfwörter gekränkt oder wütend gemacht. Sie wollten in Ruhe gelassen werden und vor der Türe stehend tratschen.

Die Buben brauchten Hilfe durch folgende Feststellungen und Fragen: „Ich weiß, ich bin lästig, aber ich halte es für wichtig, dass ihr euch und eure Wünsche ernst nehmt. Was sollen die Mädchen tun, statt beleidigt zu sein? Was ist euer Gewinn, wenn sie anders handeln? Was bringt euch das?" Erst als sie imstande waren, Ich- (bzw. Wir-)Botschaften zu formulieren, gab ich mich zufrieden. „Wir ärgern uns über die Mädchen. Es stört uns, wenn sie uns beim Klassenvorstand vertratschen." Und: „Wir wollen ungehindert raus- und reinlaufen. Wir wollen sowieso eine gute Kommunikation mit den Mädchen."

Am Ende der Stunde fasste ich zusammen: Euch geht es mit den jeweils anderen nicht gut, ihr seid verletzt oder ärgerlich. (Befinden)
An der Tür kracht ihr zusammen. Für die Buben ist das ein Durchgangsort, die Mädchen wollen dort stehen. (Unterschiedliche Wünsche)
Ihr alle wollt diesen Platz bei der Tür unbehindert durch die anderen nutzen. (Konfliktkern)
Lasst uns in drei Wochen überlegen, wie diese widersprüchliche Situation verändert werden kann.

Als ich nach drei Wochen wiederkam, brachte ich eine Skizze der Tür auf Overhead-Folie mit. Ich hatte vor, sie symbolisch für sexuelle Pubertätskonflikte zu benennen, um dann ganz konkret für beide akzeptable Vereinbarungen auszuhandeln. Doch schon nach den ersten Worten wurde mir klar, dass der genannte Konflikt kein Thema mehr war. Übereinstimmend berichteten die SchülerInnen und LehrerInnen, dass Mädchen und Knaben nun gut miteinander können, ja sogar Nachhilfe zwischen Mädchen und Knaben ist möglich geworden.
Sie haben ihren Konflikt ohne Erwachsene gelöst. Ich habe ihnen nur einen Lernanlass geboten.

5. Teilziel: Gruppen bilden

1. Übung: Wir sind eine Gruppe – sind wir eine Gruppe?

Ziel: Gemeinsamkeiten entdecken
Zeit: eine Schulstunde
Material: so viele Plakate, wie Fünfergruppen (oder Vierer-/Sechser-Gruppen) zu bilden sind, und ebenso viele Klebesticks, bunte A4-Zettel in der Anzahl der mitmachenden SchülerInnen. Je 5 Zettel haben dieselbe Farbe (wenn die Gesamtzahl durch 4 oder 6 besser teilbar ist, dann brauchen Sie je 4 bzw. 6 Zettel von derselben Farbe).

Durchführung
1. Schritt: Partnerarbeit (ca. 10 Minuten)
Die Zettel haben Sie farblich gut gemischt. Sie teilen nun die Zettel an die SchülerInnen der Reihe nach aus (andere Variante: jede/r wählt selbst eine Farbe). Nun soll jeder ganz unten seinen Namen draufschreiben. Danach tauscht er mit seinem/r Nachbar/n/in das Blatt und jede/r porträtiert seine/n Partner/in.
Anschließend gibt der/die Zeichner/in das Blatt der/m Porträtierten zurück.

2. Schritt: Kleingruppenarbeit zu fünft (ca. 20 Minuten)
Nun finden sich die jeweils fünf (vier/sechs) Personen, die Zettel mit derselben Farbe haben, zu je einer Kleingruppe zusammen. Ihre Aufgabe ist es nun, möglichst viele Gemeinsamkeiten zu entdecken und auf das Plakat zu schreiben: von Äußerlichkeiten (Haarfarbe, -länge, Körpergröße, Schuhnummer, Kleidung) bis zu Geschwistersituation, Hobbys, Schulerfolgen, LieblingslehrerInnen, bevorzugter Musik, Filmstars, TV-Serien, Lieblingsbüchern, Essvorlieben etc.

Die Gruppe, die am meisten Gemeinsamkeiten gefunden hat, hat gewonnen.

Die Zettel mit den Porträts werden so aufs Plakat geklebt, dass jeder weiß, wer zur Gruppe gehört.

Nach etwa 20 Minuten werden die Plakate aufgehängt.

3. Schritt: Fragen, Diskussion, Nachbesprechung, Schlussblitzlicht im Plenum

2. Übung: Was wäre anders, wenn …

Ziel: sich mit beiden Geschlechtsidentitäten auseinander setzen
Zeit: eine Schulstunde
Material: Overhead-Folien oder Plakate (pro Gruppe eine/s), Stifte

Durchführung
Die Klasse teilt sich in geschlechtshomogene Kleingruppen (am besten zu fünft). Jede Kleingruppe bekommt eine Folie (oder ein Plakat) und geeignete Stifte. Dann erhalten die Kleingruppen den Auftrag, alle Ideen zum Thema „Was wäre bisher anders gewesen und was wäre heute anders, wenn wir mit genau dem entgegengesetzten Geschlecht zur Welt gekommen wären?" zu sammeln und aufzuschreiben.

Dafür werden 20–30 Minuten benötigt.

Anschließend werden die Ergebnisse präsentiert und diskutiert. Zuletzt Blitzlicht.

3. Übung: Lernen mal vier

Ziel: Gemeinsamkeiten und Unterschiede zum Thema „Lernen" austauschen
Zeit: 30–50 Minuten
Material: 4 Karten (s. Kopiervorlage 5)

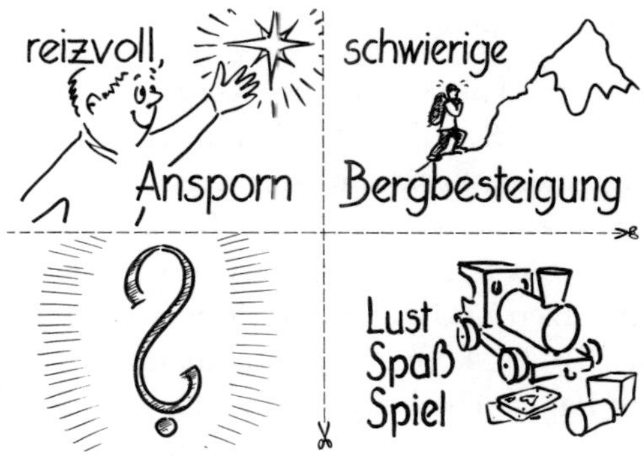

Durchführung
Sie legen die vier Karten, die vier unterschiedliche Erfahrungen zum Thema Lernen darstellen, an vier verschiedene Plätze im Klassenzimmer. Dann laden Sie die SchülerInnen ein, den Platz aufzusuchen, der ihrer momentanen Schulerfahrung am ehesten entspricht (das ist die Variante für den Klassenvorstand. Eine andere Variante, für den/die Fachlehrer/in: Es wird nur auf den Gegenstand Bezug genommen, den Sie unterrichten).

Sobald jede/r bei einer Karte steht, sollen sich alle im Raum umschauen und feststellen, wer wo steht. Danach fragen Sie, ob irgendjemand sich wundert, ob irgendjemand eine Mitschülerin, einen Mitschüler ganz woanders hingestellt hätte, wenn er/sie die anderen aufstellen hätte sollen. Wenn jemand genannt wird, kann sich diejenige, derjenige entscheiden, ob sie/er etwas erklärend sagen will. Wie bei der Differenzenübung (s. S. 84) geht es zunächst einfach um den Austausch der verschiedenen Wahrnehmungen.

Der folgende Schritt entspricht der Vorgangsweise bei der Differenzenübung: Zuerst kurzer Erfahrungsaustausch in der eigenen Gruppe, dann eine Frage an jede (bzw. bei Zeitmangel nur an eine) andere Gruppe. Individuelle Antworten.

Nachdem diese Runden abgeschlossen sind, stellt der/die Lehrer/in die Frage: „Will jemand in nächster Zukunft sich lieber einer anderen Gruppe zugehörig fühlen? Was brauchst du dazu? Wer aus dieser Wunschgruppe könnte dir dabei helfen? Was wirst du selbst in nächster Zeit dazu beitragen?"

Öffentliche Vereinbarungen werden auch öffentlich (auf Plakat) festgehalten.

Danach ist eine Fortsetzung in zwei Richtungen möglich: Entweder das (z. B. lernhemmende, demotivierende) allgemeine Lernklima der Klasse wird thematisiert (Variante A) oder es folgt die Einladung, sich mit der eigenen Einstellung zum Lernen genauer auseinander zu setzen und verändernde Schritte zu planen (Variante B). Es können in aufeinander folgenden Schulstunden auch beide Varianten nacheinander durchgeführt und eventuell mit einer Information über Lernen-Lernen kombiniert werden.

Leitfragen für Variante A: Welche Rolle spielt es für unsere Klasse, das Klassenklima und den Lernerfolg, dass die Gruppenverteilung so ist, wie wir momentan sehen? Wer will und kann was wie ändern? Was braucht ihr dazu?

Variante B: Zum Abschluss kann jeder für sich seinen mit sich selbst persönlich geschlossenen Lernvertrag zweimal auf je einem Zettel notieren: Einen Zettel behält er selbst, der andere Zettel wird in ein mit dem Namen beschriftetes Kuvert gesteckt, verschlossen und dem/der Lehrer/in übergegeben.

Der Lernvertrag (s. Kopiervorlage 6) besteht darin, irgendetwas aufzuschreiben, was die Schülerin, der Schüler in den nächsten drei Wochen garantiert tun wird. Damit will er/sie die eigene Lernsituation halten oder verbessern. Die Absicht soll möglichst eindeutig überprüfbar formuliert sein, also nicht: „Ich werde in Mathematik lernen." Eindeutig ist z. B.: „Ich wiederhole jeden Montag zehn Minuten lang die Englisch-Vokabel der letzten drei Lektionen. Ich schreibe täglich zwei Sätze mit Wörtern, die ich bei der letzten Schularbeit falsch geschrieben habe. Ich wiederhole den Geografiestoff der letzten Stunde sofort am selben Tag, indem ich ihn meinem Kassettenrekorder erzähle und am Tag drauf höre ich ihn ab. Am übernächsten Tag fasse ich den Stoff kurz schriftlich zusammen ..."

Weniger ist mehr. Dann fällt das Einhalten leichter.

Wenn der/die Schüler/in Lust hat, kann der/die Lehrer/in oder der/die Freund/in als Zeug/e/in unterschreiben.

Nach drei Wochen bringt der/die Lehrer/in die Kuverts wieder und jede/r Schüler/in kann nachschauen, ob er/sie sich daran gehalten hat. Sonderapplaus für die, die es geschafft haben.

Für die anderen überlegt sich die Klasse gemeinsam mit den Betroffenen, wie sie es besser schaffen können.

Kopiervorlage 6

Lernvertrag

von

Ich plane, ...
in ....
für ....

täglich/ am .... von .... bis ....

Dadurch will ich erreichen, dass ....
Außerdem plane ich, ...
um .... zu erreichen.
....
....

Zeuge/Zeugin:

4. Übung: So gehören wir zusammen

Ziel: real vorhandene Cliquen- und Gruppensituation in der Klasse öffentlich thematisieren
Zeit: eine Schulstunde
Material: je Gruppe ein Packpapier und Stifte (Sie benötigen zwischen drei und sechs Bögen Packpapier)

Durchführung

Sie laden die SchülerInnen ein, aufzustehen und sich dann irgendwo im Raum so zusammenzustellen, wie sie meinen zusammenzugehören.

Üblicherweise stehen nach erstem Zögern im Nu drei bis vier Gruppen da. Öfter steht auch ein/e Schüler/in oder selten ein/e zweite/r einzeln irgendwo. „Ich seh, du bist dir genug! Du bist eine Einzelgruppe für dich!" ist Ihre angemessene Reaktion. Wichtig ist, dass der- oder diejenige den Mut hat, allein stehen zu bleiben.

Dann geben Sie jeder Gruppe (auch der „Einzelgruppe") ein Plakat und Stifte.
„Eure Aufgabe ist folgende: Ihr entwerft ein Werbeplakat für eure Gruppe. Zunächst braucht ihr einen werbeträchtigen Namen, eine Bezeichnung für eure Gruppe. Ihr könnt auch eine Kurzbeschreibung (bevorzugte Verhaltensweisen und Eigenschaften) draufschreiben. Zweitens zeichnet ein attraktives Logo, also ein Symbol, das eure Gruppe gut charakterisiert.

Wenn das alles erledigt ist, dreht das Blatt um. Auf die Rückseite notiert für jede andere Gruppe, die ihr jetzt im Raum seht – da ist jemand eine Gruppe für sich – eine passende Bezeichnung. Wenn noch Zeit bleibt, könnt ihr auf die Rückseite auch Logos zu den anderen Gruppen zeichnen."

Wenn alle Gruppen fertig sind, stellt jede Gruppe ihr Plakat mit der Vorderseite vor. Zuletzt werden die Rückseiten vorgestellt.

Der Lehrer/die Lehrerin sorgt dafür, dass keine Diskussion entsteht. Alle (auch beleidigende) Symbole und Bezeichnungen sollen öffentlich gemacht werden. Der/die Lehrer/in nimmt nicht moralisierend oder wertend Stellung.

Fragen Sie zuletzt, ob die Plakate aufgehängt werden sollen.

Wenn die Aktion an diesem Punkt abgebrochen wird, beginnt ein wichtiger Klärungsprozess innerhalb der Klasse, zwischen den Gruppen. Diese lernen dabei, sich zu vertreten, für ihre Rechte zu sorgen und zu erkennen, wie ihre Rückmeldungen bei anderen ankommen. Sie lernen, das selbst und ohne Einmischung von Erwachsenen zu tun.

Persönliche Erfahrungen

Ich weiß, dass Sie bei der eben vorgestellten Übung zwei Bedenken haben: dass der/die Außenseiter/in zusätzlich diskriminiert wird und leidet und dass von bestimmten Leuten/Gruppen sehr abwertende, verletzende Botschaften zu erwarten sind.

Ich habe diese Übung gerade in Unterstufenklassen sehr, sehr oft durchgeführt, am häufigsten in 4. Klassen (8. Schulstufe), weil da das Klassenklima am schlechtesten war.

Gerade was die Außenseiterposition betrifft, habe ich da meine blauen Wunder erlebt. Erstens wirkte es auf mich so, als wäre es für denjenigen oder diejenige beinahe erleichternd, nicht zu irgendeiner Gruppe dazugeschwindelt und somit zwangsbeglückt zu werden. Die Definition als Einzelgruppe, die sich selbst genügt, brachte häufig ein gewisses Leuchten in ihre Augen. Sie genossen förmlich ihre Sonderstellung, als einzelne „austeilen" zu können durch ihre Benennungen der anderen Gruppen und noch viel mehr dadurch, als Einzelperson viele Geschenke durch die Rückmeldungen zu bekommen.

Es ist nie (ich betone: nie!) vorgekommen, dass diese Einzelperson(en) verletzend benannt wurden. Ich habe den Eindruck gewonnen, dass das – gestärkt durch eine Gruppenzugehörigkeit – eine Clique quasi nicht nötig hat, sondern dieser einzelnen Person gegenüber eher sogar großzügig sein kann.

Diese „Großzügigkeit" wird meiner Meinung nach durch gut gemeinte, schützende LehrerInneninterventionen torpediert. Wenn Sie also mahnend eingreifen, nehmen Sie der Gruppe Verantwortung ab und die kann das ausnützen. Dreizehn-, Vierzehnjährige haben da ihre eigenen Vorstellungen von Gerechtigkeit.

Ich kann Ihre Bedenken, was die wechselseitigen Abwertungen der Gruppen anlangt, nicht ausräumen. Da geht es beinhart und sehr direkt zu. Doch interessanterweise ist das ziemlich ausbalanciert. Wer austeilt, muss auch einstecken.

Ihre Leistung besteht also darin, einen Lernanlass anzubieten. Dadurch machen Sie das, was die gesamte Klasse weiß (und die LehrerInnen bestenfalls ahnen), öffentlich und damit bearbeitbar. Sie signalisieren: Unterschiede innerhalb einer so großen Gruppe dürfen, ja, müssen sein. Die Bearbeitung erfolgt in Ihrer Abwesenheit, in den Pausen. Sie werden merken, dass sich etwas ändert.

6. Teilziel
In Gruppen arbeiten

1. Übung: Funktionen ausprobieren

Ziel: Funktionen übernehmen und Auswirkungen auf die Gruppenarbeit wahrnehmen
Zeit: eine oder mehrere Schulstunden
Material: pro Schüler/in eine Funktionskarte samt Erklärung: Teilen Sie die Schülerzahl in die Hälfte.

Für die eine Hälfte nehmen Sie Funktionskarten mit der Funktion

BeobachterIn/ProtokollführerIn

- ist am Gruppengeschehen nicht aktiv beteiligt
- beobachtet das, was vereinbart wurde
- trennt Beobachtungen (Blickkontakte, Zahl der Wortmeldungen, Rededauer, Lautstärke, Körperhaltung …) von Bewertungen und Interpretationen
- macht Notizen
- führt Strichliste

Für die zweite Hälfte ist die Aufteilung so:

eine Karte mit der Funktion

OrganisatorIn

- sorgt für Raum, Sitzordnung, Materialien
- gibt Arbeitsanweisung für weiteres Vorgehen, (Wortmeldung, Abstimmung, Protokoll, Pausen …)
- nennt Ziel der gemeinsamen Arbeit
- leitet ein: sagt einige Sätze zum Thema
- vermeidet Frage als Startsignal
- sorgt für förderlichen Ablauf (z. B. Rednerliste)
- schaut auf die Uhr und strukturiert den zeitlichen Ablauf
- schlägt Zwischenbilanz zur Halbzeit vor
- kündigt Schluss einige Minuten vorher an
- bittet KoordinatorIn um Zusammenfassung
- beendet

zwei Karten mit der Funktion

KoordinatorIn

- fasst nach ca. 3 Wortmeldungen zusammen
- ordnet nach Kriterien – 1., 2., 3. …
- zeigt Gemeinsamkeiten auf
- hebt Unterschiede deutlich hervor
- schreibt für alle nach Rückfrage die Ergebnisse lesbar an die Tafel
- sorgt für Darstellungen (Skizzen, Aufstellen im Raum …)
- schlägt Entscheidung vor (neue Methode, Abstimmung, Nachdenkpause, Blitzlichtrunde …)

zwei Karten mit der Funktion

aktive/r ZuhörerIn

- vertritt nur die anderen
- hörte mit dem Selbstvertretungsohr
- meldet sich, wenn es um (nicht angesprochene) Gefühle geht
- sagt, was ihm/ihr auffällt (nur Beobachtungen!)
- spricht aus, dass X schon viel, Y noch gar nicht gesprochen hat
- „übersetzt" konfliktfördernde Botschaften (Man-, Wir-Aussagen, Straßensperren …)
- spricht Körpersignale an (vor allem solche, die dem Gesagten widersprechen)
- stellt Blickkontakt zu Redner/in her
- bestätigt durch Nicken

Der Rest sind Karten mit der Funktion

Ich-VertreterIn, IdeenlieferantIn

- vertritt nur sich selbst
- sagt, was er/sie denkt, will, fühlt, meint, braucht …
- meldet Störung an (Verwirrung, Hunger, Überforderung …)
- fragt nach
- schlägt vor, was und wie etwas zu tun ist
- gibt Rückmeldungen, kritisiert
- äußert hilfreiche Informationen und Ideen zum Thema

Durchführung

Sie lassen nun jede/n Schüler/in eine Funktionskarte ziehen. Die BeobachterInnen bilden einen Außenkreis, alle anderen setzen sich in einem Innenkreis zusammen. Sie verraten nicht, welche Karten sie gezogen haben.

Nun hat der Innenkreis die Aufgabe, ein Thema, das Sie vorher genannt haben, zu diskutieren. (Am besten eignet sich natürlich ein brandheißes Thema, das die Klasse unmittelbar betrifft.) Sie nennen dafür auch die Zeitvorgabe, nämlich 20 Minuten. Jede/r übernimmt die Aufgabe, die durch die Karte vorgegeben ist.

Sie setzen sich dann in den Außenkreis dazu und sind für die nächsten 20 Minuten auch bloß Beobachter/in und Protokollführer/in. Eine Video- oder Tonaufnahme kann eine wertvolle Ergänzung sein.

Greifen Sie auch nicht ein, wenn einige Minuten lang nichts passiert oder das Chaos ausbricht. (Sie selbst lernen durch diese Beobachtung eine ganze Menge über Funktionen.)

Irgendwann wird der/die Organisator/in das Wort ergreifen und dann läuft 20 Minuten lang ein wichtiger Prozess.

Danach beginnen mehrere Auswertungsrunden. Es geht dabei ausschließlich um die Form der Diskussion, um das Verfahren. Die Fortsetzung zu den Inhalten muss auf ein anderes Mal (nächste Stunde?) verschoben werden.

1. Jede/r sagt, wie er/sie sich in der gezogenen Funktion gefühlt hat oder ob er/sie lieber eine andere gehabt hätte und welche. Die BeobachterInnen beginnen.
2. Die BeobachterInnen berichten kurz, was ihnen aufgefallen ist.
3. Die im Innenkreis Sitzenden erzählen, wie sie die Funktionen (die eigene, die der anderen) erlebt haben.
4. Mit Hilfe des Lehrers, der Lehrerin wird schlussgefolgert, inwiefern die Funktionen hilfreich waren und was die nächsten Lernschritte sein werden. Es wird z. B. geplant, das Organisieren einer Rednerliste zu üben.

In einer weiteren Unterrichtsstunde ziehen die jetzigen BeobachterInnen eine der übrigen Funktionskarten und formieren sich zum Innenkreis. Sie diskutieren zu einem neuen, vorgegebenen Thema. Im Übrigen gilt dieselbe Vorgangsweise.

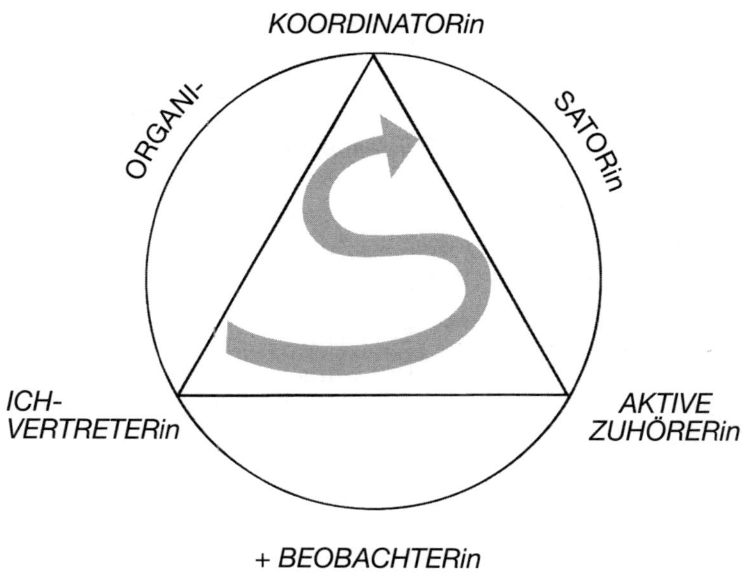

2. Übung: Funktionen übernehmen

Ziel: Sich für eine Funktion entscheiden und dazu Rückmeldungen erhalten
Zeit: eine Schulstunde

Durchführung
Sie nennen ein zu diskutierendes Thema und geben der Klasse dafür wieder 20 Minuten Zeit.

Die SchülerInnen sollen sich zuvor überlegen, wer welche Funktion übernimmt, und das laut sagen. Die Diskussion darf erst beginnen, wenn jede/r sich für eine Funktion entschieden hat und jede Art von Funktion mindestens einmal vergeben wurde. Das Ergebnis wird notiert (am besten eine Klassenliste auf Overhead-Folie vorbereiten, gleich beschreiben und dann während des restlichen Vorgangs projizieren).

Sie als Lehrer/in sind beobachtende/r Protokollführer/in. Möglicherweise kommt es gar nicht zur Diskussion über das vorgeschlagene Thema. Dann wird 10 Minuten vor Stundenschluss die Auswertung eröffnet zum Thema: Was macht die Entscheidung für mich schwierig? Was brauchen wir in der Klasse, was brauche ich für mich?

Ansonsten gibt es eine knappe Auswertung, mit der die BeobachterInnen beginnen: „Wie habe ich die heutige Stunde erlebt?"

3. Übung: Gruppenmalen

Ziel: Kooperation, Konkurrenz und Konflikte in der Kleingruppe sprachfrei erleben
Zeit: eine Schulstunde
Material: für jede Fünfergruppe einen Bogen Packpapier, Stifte oder Malfarben

Durchführung
Gruppen werden gebildet und Material verteilt. Jede Gruppe arbeitet nun (ohne Thema) 20 Minuten lang auf dem gemeinsamen Packpapier. Danach soll innerhalb der Kleingruppe die Auswertung zum (oben genannten) Ziel der Gruppenarbeit stattfinden.

Anschließend werden die Produkte aufgehängt und die anderen Gruppen treffen Feststellungen und stellen Fragen. Wer will, antwortet.

Dieselbe Übung kann auch mit je einem Klumpen Ton für eine Gruppe durchgeführt werden (evtl. mit verbundenen Augen).

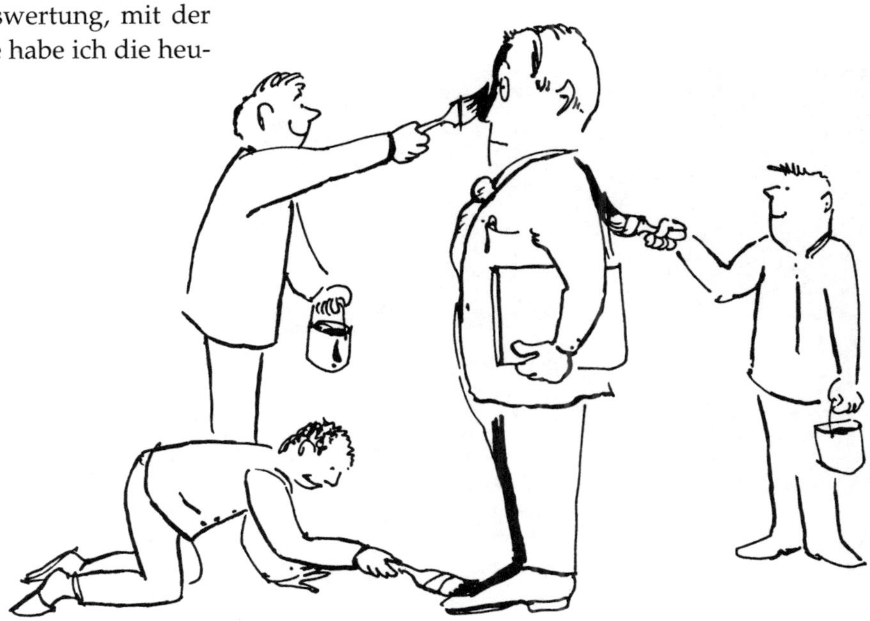

4. Übung : Wir bauen unsere Schule

Ziel: gemeinsam zwischen Wunschbild und Realität vergleichen
Zeit: von 45 Minuten aufwärts
Material: pro Kleingruppe eine Liste mit Merkmalen einer „guten" Schule, einen Bogen buntes Naturpapier, einen Klebestick, eine Schere und einige weiße Karteikarten (ca. 20x10 cm) sowie Papier zum Zuschneiden.

Durchführung
Diese Übung eignet sich besonders dafür, mehrere Gruppen einzubinden: z. B. die SchülerInnen, die Eltern und alle LehrerInnen einer Klasse. Sie können die Arbeitsgruppen jeweils mischen oder auch nur aus Eltern, nur aus SchülerInnen, nur aus LehrerInnen zusammensetzen.

Der Auftrag besteht darin, gemeinsam in der Kleingruppe an der Wunschschule zu bauen. Sie soll durch verschieden geformte Karten, auf denen wesentliche Merkmale einer guten Schule aufgeschrieben werden, repräsentiert werden. (Unten ist das Beispiel einer LehrerInnengruppe abgebildet.) Als Anregung wird eine Liste mit solchen Merkmalen zur Verfügung gestellt (s. auch Kopiervorlage 8), aber es können auch ganz andere aufgeschrieben werden: pro Karte ein Merkmal.

Die Karten (Rechtecke, Dreiecke, Quadrate, „Säulen") sind so aufzukleben, dass die Umrisse in etwa das Wunsch-Schul-Gebäude ergeben. Es ist also zu überlegen: Was bildet die Basis und was ist Zierrat oben drauf?

Für diese Arbeit in Kleingruppen ist mindestens 30 Minuten Zeit zu geben.

Anschließend werden die Plakate aufgehängt und besprochen.

Wenn mehr als eine Schulstunde Zeit ist, kann danach die wichtige Diskussion beginnen: „Wie unterscheidet sich unsere konkrete Schule von dieser Wunschschule? Wie sieht es in unserer Klasse aus? Welchen Beitrag können wir in unserer Klasse leisten, um der Wunschschule einen kleinen Schritt näher zu kommen? Wer wird als Nächstes was genau tun? Wann können wir uns wieder treffen, um zu besprechen, ob uns dieser Veränderungsschritt gelungen ist?"
Je konkreter Sie gegen Ende werden, desto größer die Zufriedenheit.

Chancengleichheit • Drill • schöpferisch sein • lachen dürfen • möglichst viel fordern • Konflikte lösen lernen • Verantwortung übernehmen lernen • sich in die Gemeinschaft einfügen • Beziehungen aufbauen lernen • Autorität anerkennen • Wärme • Lernen lernen • Toleranz • Vertrauen • Disziplin • Freiheit • erziehen • kritisch denken lernen • Wissen vermitteln • nicht auffallen • Berufsvorbereitung • sich durchsetzen lernen • Werte vermitteln

7. Teilziel
Die Zusammenarbeit beurteilen

1. Übung: Erfolgsspeicher

Ziel: positive Ergebnisse und Erfolge festhalten
Zeit: 15 Minuten
Material: ein Packpapierbogen und pro Schüler/in ein Zettel. Falls Sie mit Moderationstechnik arbeiten wollen, können Sie auch selbstklebende Post-it-Zettel (kleben allerdings nur kurz!) oder Moderationskarten verwenden.

Durchführung
Sie geben den SchülerInnen folgende Instruktion:

„Stellt euch vor, die letzten drei Wochen wäre in unserer Klasse jemand zu Besuch gewesen, der alles genau beobachtet hat. Auch in den Pausen war er immer dabei. Nun wird er um einen Bericht gebeten. Er wird gefragt: ‚Was geht denn in dieser Klasse gut? Was funktioniert da? Was gelingt den SchülerInnen?'
Was, glaubt ihr, würde der Besucher antworten?
Schreibt nun die Antwort/en gut leserlich auf den Zettel (die Karte), die ihr bekommen habt (auf jede Karte ein Ergebnis)."

Betonen Sie nochmals, dass alles genannt werden kann, also z. B. auch das Einsagen usw.

Nach ein paar Minuten sammeln Sie die Zettel (Karten) ab. Zeichnen Sie auf der Tafel einen Raster, in dem verschiedene Personen-Kombinationen stehen, und tragen Sie nun mit Kreidestrich (oder befestigen Sie den Klebezettel oder die Moderationskarte mit Nadel an der Pinnwand) im zutreffenden Kästchen jede Nennung in das passende Kästchen ein:

LL – Sch	Sch-Sch	einzelne Sch	einzelne/r L	Sch-El	Direktor/in	?

Fast immer wird die Klassengemeinschaft oder die Beziehung zu einzelnen LehrerInnen genannt, vielleicht auch das gute Pausenbuffet.

Übertragen Sie zum Abschluss gemeinsam mit den SchülerInnen das Ergebnis in den Erfolgsspeicher.

Im Erfolgsspeicher sollte auch alles das landen, was im Zielspeicher (z. B. als Ergebnis einer Differenzenübung, s. S. 84f.) eingetragen ist und bereits erreicht wurde.
Gerade dann, wenn es massive Schwierigkeiten in einer Klasse gibt, ist es wichtig, zuerst den Blick auf das Positive zu lenken.
Achtung: Nicht die Schul- bzw. LehrerInnennormen sind festzuhalten, sondern das, was der Klasse wichtig ist!

2. Übung: Stummer Dialog

Ziel: Bestandsaufnahme machen bei Problemen, Konflikten
Zeit: 20 bis 50 Minuten
Material: Tafel, Kreide (evtl. auch große Papierfläche, Stifte), Packpapier für Vertrag oder Zielspeicher

Durchführung
Sie kündigen an, gleich einen Satz an die Tafel zu schreiben. Danach kann jede/r, der/die etwas sagen möchte, das an die Tafel schreiben. „Aber immer nur eine/r. Das müsst ihr selbst regeln. Alles darf an die Tafel. Wenn jemand anderer Meinung ist, darf er durchstreichen oder NEIN hinschreiben. Man kann ein Fragezeichen machen oder unterstreichen. Es soll ein Gespräch an der Tafel sein, darum heißt es ‚Dialog'. Alles ist erlaubt, nur nicht Weglöschen. Die, die sitzen, müssen schweigen. Wenn sie etwas sagen wollen, dann bitte an der Tafel. Zum Beispiel auch, wenn sie aufhören wollen."
Wenn die Instruktion verstanden wurde, schreiben Sie an die Tafel:

Was mich momentan am meisten stört ...

Dann nehmen Sie Platz und beobachten (oder protokollieren auch).

Nach einer Schrecksekunde wird der/die Erste hinausstürzen. Das, was er oder sie hinschreibt, ist mit ziemlicher Sicherheit der allerwichtigste Satz. Nehmen Sie ihn als wertvolle Information ernst.

Allmählich füllt sich die Tafel. Auch wenn einmal zwei Minuten lang niemand zur Tafel geht, brechen Sie nicht ab. Nach einer kleinen Pause kommt oft nochmals etwas sehr Wichtiges (vielleicht die „zweite Schicht darunter").

Erst wenn wirklich lange nichts mehr kommt und alle nur mehr erschöpft vor sich hinschauen, beenden Sie diesen ersten Schritt. (Er dauert mindestens 15 Minuten, manchmal sogar eine ganze Schulstunde lang!)
Geben Sie nun im zweiten Schritt zwei Rückmeldungen:

Erstens: zum Verfahren
Sie teilen Ihre Beobachtung darüber mit, wie sich die SchülerInnen an die Regeln (Schweigen; nur eine/r an der Tafel) gehalten haben. Und Sie sagen (wertungsfrei!), was Ihnen an dem Geschriebenen, an der Form auffällt (Zeilen in Reih und Glied oder kreuz und quer, gleichmäßig große Schriften oder sehr unterschiedlich, „platzgreifende" und winzige Botschaften, hat man sich aufeinander bezogen durch Zeichen oder steht alles verbindungslos da, wurde viel durchgestrichen usw.).

Zweitens: zu den an der Tafel stehenden Inhalten
Sie fassen das Geschriebene zu wenigen Themenclustern zusammen, die sie auf der Tafelrückseite oder dem Plakat zusammenschreiben (z. B. Schüler Max, Lehrer-Schüler-Beziehung, Klassengemeinschaft, Wandertag). Lassen Sie dabei nichts Wichtiges weg. Es könnte z. B. „Ich finde den Stummen Dialog blöd" an der Tafel stehen, also eine Mitteilung, dass jemand die Übung nicht mag. Das ist auch ein Thema, das notiert wird.

Fragen Sie zur Sicherheit nach, ob Sie nichts übersehen haben. Fragen Sie auch, falls irgendeine an der Tafel stehende Botschaft für Sie unklar ist.

Wenn alles notiert ist und noch Zeit bleibt, kommt der nächste Schritt: Gewichtung und Entscheidung, welches das dringlichste Thema ist. Wenn jeder zwei Striche an die Tafel machen oder zwei Klebepunkte vergeben kann, ist das rasch erhoben.

Je nach Zeit kann noch mit einer Diskussion begonnen werden, sie kann aber auch auf eine der folgenden Stunden vertagt werden. Auch die übrigen Themen sollten nicht verloren gehen.

Im Mittelpunkt der folgenden Diskussion steht der Zukunftsaspekt. Lassen Sie die SchülerInnen nicht endlos kritisieren oder über das jammern, was ihnen nicht passt, sondern lassen Sie sie Vorschläge machen, wie und wer etwas ändern könnte. Achten Sie darauf, dass nicht kolonialisiert wird, sondern Ich-Botschaften geäußert werden: „Ich werde in den nächsten Biologiestunden mitarbeiten und mich melden. Ich wün-

sche mir mehr Abwechslung im Unterricht. Von meinem Nachbarn und besten Freund wünsche ich mir, dass er mich in den nächsten zwei Wochen an meinen guten Vorsatz erinnert."
Die gemeinsam ausgehandelten Ergebnisse (zwischen LehrerInnen und SchülerInnen oder zwischen einzelnen SchülerInnen oder Gruppen) sollten als ausformulierter Vertrag oder in Form eines Zielspeichers (s. Kopiervorlage 9) schriftlich festgehalten und ausgehängt werden. Das fördert die Verbindlichkeit für die VertragspartnerInnen.
Nach ca. drei Wochen findet die gemeinsame Bestandsaufnahme statt: Was ist gelungen? Was fehlt noch? Was ist der nächste Schritt?

Zielspeicher

wer	macht was	mit wem	wann	mit dem Ziel
Peter	gibt Rückmeldungen	seinem Nachbarn	jedes Mal, wenn Hans ohne Handzeichen rausruft	damit Hans lernt, sich zu kontrollieren

3. Übung: Wie tickt unsere Klassenuhr?

Ziel: Bestandsaufnahme zum Entwicklungsstadium der Gruppe
Zeit: 30 Minuten (5 +10 +15 Minuten)
Material: jede/r Schüler/in erhält eine Kopie der unten abgebildeten Uhr

Durchführung
Jeder zeichnet mit einem Buntstift den „Stundenzeiger“ so in die Uhr, dass damit ausgesagt wird, wie er oder sie die Klassensituation wahrnimmt. Er/sie soll sich vorstellen, die gesamte Klasse habe sich vom ersten Tag ihres Bestehens von 0 Uhr an weiterentwickelt. „Wo steht der Zeiger deiner Meinung heute nach? Du weißt, wo es begonnen hat und wie sich der Zeiger weiter bewegt. Wenn z. B. noch heftig gestritten wird, aber auch gut gearbeitet wird, dann ist der Zeiger schon fast im dritten Viertel, also etwas vor sechs Uhr.“
Danach wird in Kleingruppen verglichen und der Versuch unternommen, sich auf eine gemeinsame Uhrzeit zu einigen. Andernfalls soll festgehalten werden, bei welchen Situationen sich die Wahrnehmungen unterscheiden.

Zuletzt sollte man versuchen, durch Uhrenvergleich im Plenum zu einer gemeinsamen Uhrzeit zu kommen. Wenn das schwierig oder unmöglich ist, wird diskutiert, was helfen kann, die Uhren aufeinander abzustimmen, bzw. was dafür und dagegen spricht, dass die Uhr von jede/r/m anders tickt.

Wir kennen schon (fast) alles.
Mehr interessiert uns nicht.
Es ist langweilig.
Wir gehen auseinander.

Alles ist neu.
Wir lernen einander kennen.
Es ist nicht sicher, wie es bei uns läuft.

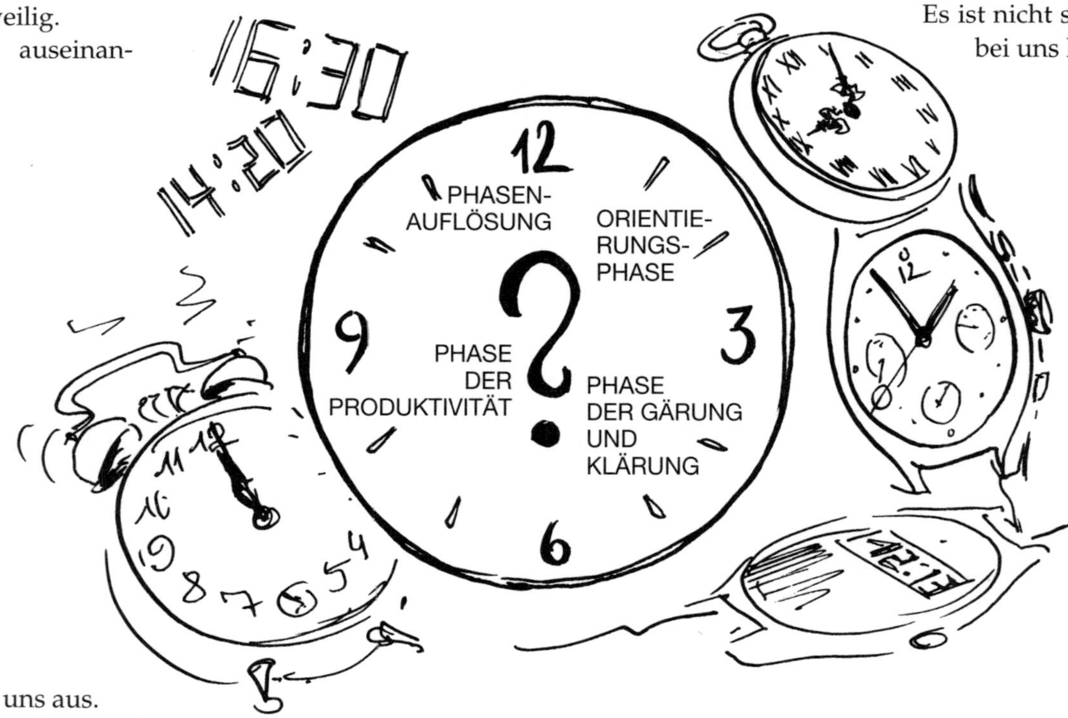

Wir kennen uns aus.
Wir wissen alle, welche unsere Vorzüge und Schwachstellen sind.
Wir haben Regeln vereinbart.
Wir arbeiten zielgerichtet.

Wir kennen einander recht gut.
Das bringt auch so manchen Streit.
Wir versuchen es miteinander.

4. Übung: Was mir gelungen ist

Ziel: Selbstbeurteilung am Ende der ersten Klasse (5. Schulstufe)
Zeit: 20 Minuten
Material: für jede/n Schüler/in ein bzw. zwei Fragebögen (s. Kopiervorlagen 10 und 11)

Durchführung

Variante A:

Die SchülerInnen werden eingeladen, sich selbst einzuschätzen. Sie sollen dabei Überlegungen zu ihrer Selbstkompetenz, auch in Bezug auf ihre Arbeitshaltung, und ein wenig zu ihrer Sozialkompetenz (hier sind die Ansprüche noch gering gehalten) anstellen.

Als Zeitpunkt eignen sich das Ende des ersten Semesters und das Ende des Schuljahres. Wenn Sie die Fragebögen der ersten Selbstbeurteilung in verschlossenen, mit dem Namen beschrifteten Kuverts (zwecks Anonymität) bis zum Ende des Schuljahres aufgehoben haben, können die SchülerInnen ihre Fortschritte selbst feststellen.

Wenn genug Vertrauen da ist, gibt es noch zwei weitere Varianten:

Variante B:

Die Nachbarin, der Nachbar oder ein/e gute/r Freund/in füllt auch ein Beurteilungsblatt für mich aus. Dann kann ich meine Selbsteinschätzung mit ihrer/seiner Beurteilung meiner Person vergleichen.

Variante C:
Sie als Fach- oder Klassenlehrer/in füllen den Bogen für jede/n Schüler/in aus (noch besser: das KlassenlehrerInnenteam tut es). Das ist dann sozusagen ein Zusatzzeugnis für die Bemühungen im Sozialen Lernen. Wie beim Fachlernen sollte auch hierbei die individuell geleistete Veränderung bewertet werden. Dazu kann die Spalte mit der Überschrift „Das hat sich verbessert" dienen.

Kopiervorlage 10

Was mir gelungen ist

Leistungen des Sozialen Lernens	Das gelingt mir					Das hat sich verbessert
	immer	meist	öfters	selten	nie	
Ich finde mich ziemlich o.k.						
Ich sage klar und deutlich, wie ich mich fühle – ohne Schreien und ohne Schimpfwörter.						
Ich sage klar und deutlich, was ich will und was ich denke.						
Ich frage, wenn ich mich nicht auskenne.						
Ich bitte um Hilfe, wenn ich sie brauche.						
Ich halte mich an das, was ausgemacht wurde.						
Ich weiß genau, was ich kann und was nicht.						
Ich arbeite daran, meine Lernleistung zu verbessern.						
Ich führe meine Hefte so, dass auch andere sich darin auskennen.						
Ich habe meine Schulsachen in Ordnung und räume Sachen, die ich nicht mehr brauche, gleich weg.						
Ich beschäftige mich konzentriert und ausdauernd mit dem, was ich tun soll.						
Ich beteilige mich an Partner- und Gruppenarbeiten so, dass wir zusammen ein gutes Ergebnis schaffen.						
Ich borge meine Sachen her, wenn sie jemand braucht.						
Ich helfe, wenn ich kann.						
Ich höre aufmerksam zu, wenn andere sprechen, und lasse sie ausreden.						
Ich interessiere mich für alle meine MitschülerInnen, auch wenn sie anders sind oder eine andere Meinung haben als ich.						
Ich sorge dafür, dass in unserer Klasse alle MitschülerInnen gleich wichtig sind.						

Kopiervorlage 11

Was dir gelungen ist

Leistungen des Sozialen Lernens	Das gelingt dir					Das hat sich verbessert
	immer	meist	öfters	selten	nie	
Du findest dich ziemlich o.k.						
Du sagst klar und deutlich, wie wie du dich fühlst – ohne Schreien und ohne Schimpfwörter.						
Du sagst klar und deutlich, was du willst und was du denkst.						
Du fragst, wenn du dich nicht auskennst.						
Du bittest um Hilfe, wenn du sie brauchst.						
Du hältst dich an das, was ausgemacht wurde.						
Du weißt genau, was du kannst und was nicht.						
Du arbeitest daran, deine Lernleistung zu verbessern.						
Du führst deine Hefte so, dass auch andere sich darin auskennen.						
Du hast deine Schulsachen in Ordnung und räumst Sachen, die du nicht mehr brauchst, gleich weg.						
Du beschäftigst dich konzentriert und ausdauernd mit dem, was du tun sollst.						
Du beteiligst dich an Partner- und Gruppenarbeiten so, dass ihr zusammen ein gutes Ergebnis schafft.						
Du borgst deine Sachen her, wenn sie jemand braucht.						
Du hilfst, wenn du kannst.						
Du hörst aufmerksam zu, wenn andere sprechen, und lässt sie ausreden.						
Du interessierst dich für alle deine MitschülerInnen, auch wenn sie anders sind oder eine andere Meinung haben als du.						
Du sorgst dafür, dass in unserer Klasse alle MitschülerInnen gleich wichtig sind.						

VI. Schluss

Wie geht es Ihnen jetzt, liebe Leserin, lieber Leser?

Sind Sie völlig erschlagen von den vielen neuen Ideen? Lächeln Sie nur müde, weil Sie diese Wege alle längst beschritten haben, nur haben Sie diese Entdeckungsreise eben nicht Soziales Lernen genannt? Zögern Sie noch, weil Sie meinen, Ihre Klasse eigne sich einfach nur zum „Im-Wirtshaus-Sitzen" und „Gefüttert-Werden"? Schätzen Sie Ihre Kondition und die Unterstützung, die Sie in Ihrer Schule kriegen, als hundsmiserabel ein?

Das, was hier vorgestellt wurde, begründet eine neue Pädagogik. Ich nenne sie (in Analogie zur südamerikanischen Kirche der Befreiung) die Pädagogik der Befreiung. Es geht um die Befreiung von den Fesseln des Entweder-oder, vom überbordenden pädagogischen Ethos, vom Mangel an solidarischem Handeln.

Die Pädagogik der Befreiung ist eine Pädagogik des „Nicht nur, sondern auch": Es geht um

- Stoff & Persönlichkeitsentwicklung
- Spaß & Anstrengung
- Kurzweil & Ausdauer
- Innovation & Tradition
- theoretisches Erörtern & politisches Handeln
- Beziehung & Beteiligung
- Teilen von Verantwortung & gemeinsames Lernen
- Selbstentfaltung & Teamarbeit

Das ist kein „Programm", das bei der einzelnen Lehrperson und vor der Klassentür aufhört.

Wer sich auf diese Pädagogik einlässt, entdeckt die Kraft der Gruppe und möchte sich auf diese auch im LehrerInnenkollegium verlassen können. Das beginnt bei der FachlehrerInnengruppe oder dem KlassenlehrerInnenteam und meint genauso die Schulpartnerschaft aller SchülerInnen, Eltern und LehrerInnen einer Klasse.

Es geht in dieser Pädagogik auch darum, sich selbst zu entfalten und nicht mit hehren Ansprüchen noch mehr zu belasten. Unentschlossenheit überwinden und Mut zur Bescheidenheit zu haben, ist die Devise.

Die Pädagogik der Befreiung verlangt Übereinstimmung von Reden und Tun. Soziales Lernen nur auf die SchülerInnen zu beschränken oder gar nur auf eine Wochenstunde, ist unehrlich; es ist wie Stricken ohne Wolle oder Speisekartenstudieren, ohne die Speisen zu kochen und zu verzehren.

Soziales Lernen ernst nehmen heißt: nicht Belehrungen über die Wege weiterzugeben, sondern die Wege wirklich gehen.

VII. Kopiervorlagen

1. Klasse

Motto: Ich bin ich und neugierig auf dich

Ziel:
- Detektiv/in werden, mit (Zeit-)Lupe wahrnehmen und Wahrnehmungen ausdrücken

Themen:
- sich selbst wahrnehmen (Name, Herkunft, Zugehörigkeit, Gefühle, Erwartungen, Wünsche, Stärken, Grenzen, Körper, Lerntyp …)
- verschiedene Ausdrucksformen kennen lernen und anwenden
- Unterschiede zu und Gemeinsamkeiten mit anderen entdecken

Ziel:
- Verbindungen herstellen und Gemeinschaft erleben

Themen:
- Rituale, Regeln, Feiern erfahren

2. Klasse

Motto: Ich lebe und gestalte Beziehungen

Ziele:
- andere be-/achten
- Rückmeldungen geben und annehmen
- (eigene) Regeln entwickeln und Konflikte bearbeiten

Themen:
- Kommunikation
- Lernen lernen
- Freundschaft, erste Liebe, Sexualität
- Rollen in der Klasse

3. Klasse

Motto: Ich setze mich auseinander

Ziele:
- Konflikte bearbeiten (in mir, zwischen Personen, in und zwischen Gruppen)

Themen:
- Freizeit – Lernen
- Aggression – Ängste
- das/die Fremde(n) – Vorurteile, Außenseiter
- Gemeinschaft und Demokratie
- Pubertät

4. Klasse

Motto: Ich nehme mein Leben in die Hand

Ziele:
- sich (als Gruppe) organisieren
- Berufs-/Laufbahnwahl treffen
- Trennung – beurteilen und beurteilt werden

Themen:
- Ich und meine Zukunft
- Lern- und Lebensplanung
- Miteinander leben, Gruppenphänomene
- Abschied – Trennung

5. Klasse

Motto: Ich organisiere

Ziel:
- sich selbsttätig orientieren und handeln

Themen:
- Beginn – Orientierung
- Planung und Organisation

Menschenordnung

- Vorrang den Emotionen
- Straßensperren großräumig ausweichen
- Stoppen, wenn die Verkehrssituation unübersichtlich ist
- Wege den Zielen und Voraussetzungen entsprechend wählen
- Das Benutzen verschiedenster Landkarten erhöht die Orientierungsleistung
- Meiden Sie Richtungspfeile, auf denen „Warum?“ „Aber“ „So nicht“ „Entweder-oder“ „Man sollte“ steht
- Bevorzugen Sie Richtungspfeile, auf denen „Wie?“ „Und“ „So“ „Sowohl als auch“ „Ich will“ steht
- Vergessen Sie auf Langstreckenfahrten nicht das rechtzeitige Auftanken (SoL-Tankstellen* bieten spezielles Service)
- Für Transporte von schwer wiegenden Dingen tragfähige Brücken benutzen
- Treffen Sie Vorsorge: Jede/r hat Proviant und Ressourcen mit!
- Für Notfälle: erste Hilfe** in Anspruch nehmen

Menschenordnung

* SoL-Tankstellen sind Treffen von Eltern, LehrerInnen, BetreuerInnen und SchülerInnen, bei denen schulübergreifend zu gemeinsamen Themen Erfahrungen ausgetauscht und neue durch Info und Übungen gemacht werden. Nähere Info dazu bei**

** Als Koordinatorin des Gesamtprojekts stehe ich für alle Anfragen gerne zur Verfügung.

Dr. Ruth Mitschka,
Bergtaidingweg 17/49/6, 1100 Wien
Tel/Fax: 0 22 2/689 42 40
Zusätzliche Auskünfte bei der Leiterin der ARGE und des Vereins „Soziales Lernen – aktive Schulpartnerschaft“:
Mag. Irmgard Korber,
GRg Hagenmüllergasse 30, 1030 Wien
Tel.: 0 22 2/712 32 50. Fax: 0222/713 23 82

Blitzlicht – Was momentan bei uns ist:

1. Das ist bei uns gut:

2. Das ist momentan meiner Meinung nach das Hauptproblem in unserer Klasse:

3. Was können Eltern tun?

4. Was können LehrerInnen tun?

5. Was kann ich, können meine MitschülerInnen zur Lösung des Problems beitragen?

PUBERTÄT:

ANGST

PROBLEME
FRAGEN

BEWÄLTIGUNG
ANTWORTEN

TRENNUNG, ENTSCHEIDUNG, CHANCE

ZIEL: EIGENE EINZIGARTIGKEIT ENTDECKEN, BEJAHEN, NEUGIERIG SEIN AUF DIE ANDEREN.

WIE SIEHST DU DIE WELT?

KV 5 zu S. 99

4 Lernkarten

Lernvertrag

von

Ich plane, ...

in...

für ....

täglich/ am ..... von ...... bis ....

Dadurch will ich erreichen, dass ....

....

Außerdem plane ich, ...

um .... zu erreichen.

....

....

Zeuge/Zeugin:

KV 7 zu S. 102

Funktionskarten

OrganisatorIn
- sorgt für Raum, Sitzordnung, Materialien
- gibt Arbeitsanweisung für weiteres Vorgehen, (Wortmeldung, Abstimmung, Protokoll, Pausen …)
- nennt Ziel der gemeinsamen Arbeit
- leitet ein: sagt einige Sätze zum Thema
- vermeidet Frage als Startsignal
- sorgt für förderlichen Ablauf (z. B. Rednerliste)
- schaut auf die Uhr und strukturiert den zeitlichen Ablauf
- schlägt Zwischenbilanz zur Halbzeit vor
- kündigt Schluss einige Minuten vorher an
- bittet KoordinatorIn um Zusammenfassung
- beendet

aktive/r ZuhörerIn
- vertritt nur die anderen
- hörte mit dem Selbstvertretungsohr
- meldet sich, wenn es um (nicht angesprochene) Gefühle geht
- sagt, was ihm/ihr auffällt (nur Beobachtungen!)
- spricht aus, dass X schon viel, Y noch gar nicht gesprochen hat
- „übersetzt" konfliktfördernde Botschaften (Man-, Wir-Aussagen, Straßensperren …)
- spricht Körpersignale an (vor allem solche, die dem Gesagten widersprechen)
- stellt Blickkontakt zu Redner/in her
- bestätigt durch Nicken

KoordinatorIn
- fasst nach ca. 3 Wortmeldungen zusammen
- ordnet nach Kriterien – 1., 2., 3. …
- zeigt Gemeinsamkeiten auf
- hebt Unterschiede deutlich hervor
- schreibt für alle nach Rückfrage die Ergebnisse lesbar an die Tafel
- sorgt für Darstellungen (Skizzen, Aufstellen im Raum …)
- schlägt Entscheidung vor (neue Methode, Abstimmung, Nachdenkpause, Blitzlichtrunde …)

BeobachterIn/ProtokollführerIn
- ist am Gruppengeschehen nicht aktiv beteiligt
- beobachtet das, was vereinbart wurde
- trennt Beobachtungen (Blickkontakte, Zahl der Wortmeldungen, Rededauer, Lautstärke, Körperhaltung …) von Bewertungen und Interpretationen
- macht Notizen
- führt Strichliste

Ich-VertreterIn, IdeenlieferantIn
- vertritt nur sich selbst
- sagt, was er/sie denkt, will, fühlt, meint, braucht …
- meldet Störung an (Verwirrung, Hunger, Überforderung …)
- fragt nach
- schlägt vor, was und wie etwas zu tun ist
- gibt Rückmeldungen, kritisiert
- äußert hilfreiche Informationen und Ideen zum Thema

Chancengleichheit • Drill • schöpferisch sein • lachen dürfen • möglichst viel fordern • Konflikte lösen lernen • Verantwortung übernehmen lernen • sich in die Gemeinschaft einfügen • Beziehungen aufbauen lernen • Autorität anerkennen • Wärme • Lernen lernen • Toleranz • Vertrauen • Disziplin • Freiheit • erziehen • kritisch denken lernen • Wissen vermitteln • nicht auffallen • Berufsvorbereitung • sich durchsetzen lernen • Werte vermitteln

Zielspeicher

wer	macht was	mit wem	wann	mit dem Ziel
Peter	gibt Rückmeldungen	seinem Nachbarn	jedes Mal, wenn Hans ohne Handzeichen rausruft	damit Hans lernt, sich zu kontrollieren

Was mir gelungen ist

Leistungen des Sozialen Lernens	Das gelingt mir immer	meist	öfters	selten	nie	Das hat sich verbessert
Ich finde mich ziemlich o.k.						
Ich sage klar und deutlich, wie ich mich fühle – ohne Schreien und ohne Schimpfwörter.						
Ich sage klar und deutlich, was ich will und was ich denke.						
Ich frage, wenn ich mich nicht auskenne.						
Ich bitte um Hilfe, wenn ich sie brauche.						
Ich halte mich an das, was ausgemacht wurde.						
Ich weiß genau, was ich kann und was nicht.						
Ich arbeite daran, meine Lernleistung zu verbessern.						
Ich führe meine Hefte so, dass auch andere sich darin auskennen.						
Ich habe meine Schulsachen in Ordnung und räume Sachen, die ich nicht mehr brauche, gleich weg.						
Ich beschäftige mich konzentriert und ausdauernd mit dem, was ich tun soll.						
Ich beteilige mich an Partner- und Gruppenarbeiten so, dass wir zusammen ein gutes Ergebnis schaffen.						
Ich borge meine Sachen her, wenn sie jemand braucht.						
Ich helfe, wenn ich kann.						
Ich höre aufmerksam zu, wenn andere sprechen, und lasse sie ausreden.						
Ich interessiere mich für alle meine MitschülerInnen, auch wenn sie anders sind oder eine andere Meinung haben als ich.						
Ich sorge dafür, dass in unserer Klasse alle MitschülerInnen gleich wichtig sind.						

Was dir gelungen ist

Leistungen des Sozialen Lernens	Das gelingt dir					Das hat sich verbessert
	immer	meist	öfters	selten	nie	
Du findest dich ziemlich o.k.						
Du sagst klar und deutlich, wie du dich fühlst – ohne Schreien und ohne Schimpfwörter.						
Du sagst klar und deutlich, was du willst und was du denkst.						
Du fragst, wenn du dich nicht auskennst.						
Du bittest um Hilfe, wenn du sie brauchst.						
Du hältst dich an das, was ausgemacht wurde.						
Du weißt genau, was du kannst und was nicht.						
Du arbeitest daran, deine Lernleistung zu verbessern.						
Du führst deine Hefte so, dass auch andere sich darin auskennen.						
Du hast deine Schulsachen in Ordnung und räumst Sachen, die du nicht mehr brauchst, gleich weg.						
Du beschäftigst dich konzentriert und ausdauernd mit dem, was du tun sollst.						
Du beteiligst dich an Partner- und Gruppenarbeiten so, dass ihr zusammen ein gutes Ergebnis schafft.						
Du borgst deine Sachen her, wenn sie jemand braucht.						
Du hilfst, wenn du kannst.						
Du hörst aufmerksam zu, wenn andere sprechen, und lässt sie ausreden.						
Du interessierst dich für alle deine MitschülerInnen, auch wenn sie anders sind oder eine andere Meinung haben als du.						
Du sorgst dafür, dass in unserer Klasse alle MitschülerInnen gleich wichtig sind.						

Literatur zum Arbeiten mit und Lernen in Gruppen Schwerpunkt: Soziales Lernen

Erkenntnisse über Gruppen (praxisrelevante Theorie):

E. Berne, Struktur und Dynamik von Organisationen und Gruppen. FiTB 42201

J. Luft, Einführung in die Gruppendynamik. FiTB 42316

O. Marmet, Ich und du und so weiter. Kleine Einführung in die Sozialpsychologie. Piper

Praxisrelevante Theorie zum Sozialen Lernen:

H. Brandauer, W. Fartacek et al., Soziale Erziehung in der Schule. in: Schulentwicklung Bd. 6. ÖBV

J. Oelkers, H. Prior, Soziales Lernen in der Schule. Scriptor

L. Schwäbisch, M. Siems, anleitung zum sozialen lernen. rororo Sachbuch 6846

Teammanagement – wie?

T. Gordon, Managerkonferenz, Heyne TB 1280

Arbeitsgemeinschaft der Bildungsheime (Hrsg.), Teamarbeit. Mitarbeiterberatung. Methoden. Erfahrungen. Hilfen. AGB Linz

J. Hecker et al., Störung als Beitrag zum Gruppengeschehen. Grünewald

B. Langmaack, M. Braune-Krickau, Wie die Gruppe laufen lernt. Anregungen zum Planen und Leiten von Gruppen. Psychologie VerlagsUnion

K. Vopel, Handbuch für Gruppenleiter. ISKO Press

Kommunikation – Konflikte (Theorie):

G. Bach, P. Wyden, Streiten verbindet. FiTB 3321

Th. Gordon, Lehrer-Schüler-Konferenz. rororo Sachbuch 7399

F. Schulz v. Thun, Miteinander reden, Bd. 1 u.2. rororo Sachbuch 7489 u. 8496

Schulprobleme – ProblemschülerInnen:

C. Hennig, U. Knödler, Problemschüler – Problemfamilien. Psychologie VerlagsUnion

A. Molnar, B. Lindquist, Verhaltensprobleme in der Schule. Borgmann

Methodenfundgruben:

Arbeitsgemeinschaft der Bildungsheime (Hrsg.), Großgruppenanimation. Lernen und Spielen in Großgruppen

B. Badegruber, Spiele zum Problemlösen, Band 1 und 2. Veritas

R. Rabenstein, R. Reichel et al., Das Methoden-Set. 5 Bücher für Referenten und Seminarleiter. Arbeitsgemeinschaft der Bildungsheime, St. Pölten

M. Thanhoffer, R. Reichel, R. Rabenstein, Kreativ unterrichten. Arbeitsgemeinschaft der Bildungsheime

K. Vopel, Interaktionsspiele, 4 Bände f. Kinder (8–12-Jährige), 4 Bände für Jugendliche, 6 Bände f. Erwachsene. ISKO Press

Theorie & Praxis im Sozialen Lernen:

BMUK, Soziales Lernen. Sich selbst entfalten und die Kraft der Gruppe nutzen. Ein Arbeitsbuch für alle, die im Team arbeiten wollen. (Kostenlos erhältlich unter der Telefonnummer 0 660/52 20)

M. Feigenwinter, Soziales Lernen im Unterricht. Klett

G. Stanford, Gruppenentwicklung im Klassenraum und anderswo. Hahner

Mit Freude leichter lernen

Bernd Badegruber
Offenes Lernen
in 28 Schritten
96 Seiten, broschiert
ISBN 3-85329-982-2

◆ Eine praxisorientierte Hilfe für Lehrer, die die oft „graue Theorie“ des offenen Lernens in ihrem Unterricht umsetzen wollen.

◆ Sowohl Schüler als auch Lehrer werden langsam an ein offenes Miteinander gewöhnt.

◆ Besonders bei der Integration von „Problemschülern“ zeichnet sich diese Methode aus.

Hans Schachl
Was haben wir im Kopf?
Der richtige Weg zum gehirngerechten Lernen
120 Seiten, gebunden
ISBN 3-7058-5042-3

◆ Für alle, die das Lernen erfolgreicher gestalten wollen.

◆ Ein Lern- und Lesebuch über unser Gehirn – verständlich, spannend und amüsant.

◆ Für die Lehr- und Lernpraxis und den Alltag.

Ulrike Pramendorfer
Stimme, Sprache, Lebensfreude
5 Schritte zum geglückten Sprechen
ca. 100 Seiten, 17 x 24 cm, brosch.
ISBN 3-7058-5084-9

Martin Merz
Lernen – Ein Puzzlespiel
Vernetzendes Lernen
114 Seiten, broschiert
ISBN 3-7058-5034-2

◆ Sie erhalten viele Impulse für die eigene Arbeit.

◆ Erleben Sie mit den Kindern die Welt der Schrift, der Farben, des Wassers, den Lebensraum Wald und die nähere Heimat; gestalten Sie den Schulalltag neu!

Ludwig Waas
Aktiv lernen

Fächerübergreifende Übungen 3
Deutsch, Mathematik, Sachkunde
64 Seiten, geheftet
ISBN 3-431-03445-4

◆ Die Übungen unterscheiden sich bewußt von bisherigen Konzepten.

◆ Kinder können im Heft selbstständig arbeiten und auch die Bilder selbst ausmalen.

◆ Die Lösungen können selbstständig kontrolliert werden.

VERITAS